W0285975

Schmidthausen
Prause

# Personalprozesse planen, steuern und kontrollieren

Merkur
Verlag Rinteln

**Verfasser:**
Michael Schmidthausen, Oberstudienrat
Petra Prause, Dipl.-Hdl. und Oberstudienrätin



* * * * *

7. Auflage 2021


**Gesamtherstellung:**

Merkur Verlag Rinteln Hutkap GmbH & Co. KG, 31735 Rinteln

E-Mail: info@merkur-verlag.de
lehrer-service@merkur-verlag.de

Internet: www.merkur-verlag.de

Merkur-Nr. 1022-07
ISBN 978-3-8120-1022-1

# Vorwort der Autoren

Die neueren Lehrpläne für die berufliche Bildung im Allgemeinen sowie der Rahmenlehrplan für Industriekaufleute im Besonderen sind in erster Linie durch eine didaktisch-methodische Akzentverschiebung von der Fächerorientierung hin zur Lernfeld-/Lernsituationsorientierung gekennzeichnet. Um dem hohen Anspruch des Lernfeldkonzeptes gerecht zu werden, vermitteln wir in diesem Band die Lerninhalte des Lernfeldes 7 „Personalwirtschaftliche Aufgaben wahrnehmen“ des Rahmenlehrplans für Industriekaufleute in Form von Lernsituationen.

So können die Schülerinnen und Schüler anhand von 22 Lernsituationen die Planung, Steuerung und Kontrolle des gesamten Personalprozesses in einem Industriebetrieb unmittelbar nachvollziehen und selbst „erleben“. Die Lernsituationen beziehen sich dabei auf das in der Lernsituation 01 vorgestellte Modellunternehmen, die BüroTec GmbH.

Um dem Gedanken der Prozessorientierung gerecht zu werden, sollten die Lernsituationen im Idealfall Stück für Stück in der von uns intendierten Reihenfolge durchgearbeitet werden. Jede Lernsituation „funktioniert“ jedoch in der Regel auch für sich genommen, sodass sie bei Bedarf auch punktuell eingesetzt werden können.

Die Lernsituationen beginnen jeweils mit einem situationsbezogenen und in der Regel problemorientierten Einstieg. Angeleitet durch die darauf folgenden Arbeitsaufträge sollen die Schülerinnen und Schüler zunächst das vorgegebene Problem selbstständig lösen und schließlich zu einer vertiefenden Auseinandersetzung mit dem jeweiligen (Teil-)Geschäftsprozess gelangen. Hierfür wird anschauliches und praxisnahes Informationsmaterial zur Verfügung gestellt, was zudem den Umgang mit Informationsquellen trainiert.

Ein hervorgehobenes Ziel ist es bei der Erstellung dieses Bandes gewesen, sowohl methodische Vielseitigkeit (z.B. Zuordnungsaufgaben, Lückentexte, Textanalyse, Rollenspiele) als auch den Bezug zu den prüfungsrelevanten Inhalten des jeweiligen Lernbereichs zu gewährleisten. Die Entscheidung, ob die Lernsituationen in Einzel-, Partner- oder Gruppenarbeit bearbeitet werden, wollen wir jeder Lehrkraft selbst überlassen.

**Duisburg, im Frühjahr 2021**

**Michael Schmidthausen**
**Petra Prause**

# Inhalt

Lernsituation 01

# Die BüroTec GmbH stellt sich vor

**Personal-prozesse**

## Lernsituation:

Die BüroTec GmbH, ein mittelständisches Unternehmen am Niederrhein, produziert moderne Büromöbel. Der Firmensitz befindet sich in Moers in der Anglerstraße 34. Er ist in der Nähe der Autobahn A42 an der Abfahrt Moers-Repelen gelegen. Die BüroTec GmbH wendet sich mit ihren Produkten an Unternehmen sämtlicher Branchen. Privatpersonen zählen bislang nicht zu der anvisierten Zielgruppe. Der Vertrieb der Büromöbel erfolgt auf direktem Absatzweg durch die Abteilung Auftragsbearbeitung sowie durch mehrere Reisende an die Endverwender in ganz Deutschland. Die BüroTec GmbH verzichtet seit einigen Jahren auf einen eigenen Fuhrpark. Bei Bedarf arbeitet sie mit einem Speditionsunternehmen zusammen.

Das derzeitige Produktionsprogramm umfasst drei Produktfelder. Innerhalb eines Produktfelds sind verschiedene Modelle erhältlich.

| | |
|---|---|
| Produktfeld I: | Schreibtische |
| Produktfeld II: | Bürostühle |
| Produktfeld III: | Büroschränke |

Die BüroTec GmbH ist seit mehreren Jahren auf dem Markt für Büromöbel eingeführt und behauptet sich dort relativ erfolgreich gegen mehrere Wettbewerber. Hervorgegangen ist die BüroTec GmbH aus der von Moritz Schmidt 1980 gegründeten Moritz Schmidt Möbelfabrik, die sich mit der Produktion von Möbeln aller Art beschäftigte. 10 Jahre später, im Jahre 1990, entschloss sich Moritz Schmidt dazu, sich mit Michael Schneider und Petra Peters zusammenzutun und sein Unternehmen in eine GmbH umzuwandeln. Gemeinsam kamen die drei Gesellschafter zu der Entscheidung, sich fortan auf die Produktion von Büromöbeln zu spezialisieren. Die Produkte werden nach Kundenauftrag gefertigt. Dabei handelt es sich überwiegend um Serienprodukte. Wenn vom Kunden gewünscht, werden auch Spezialanfertigungen hergestellt.

Die Zahl der Mitarbeiter hat in den vergangenen Jahren aufgrund der positiven Geschäftsentwicklung stetig zugenommen. Zurzeit sind 150 Mitarbeiter bei der BüroTec GmbH beschäftigt.

Die BüroTec GmbH ist gemäß dem Einliniensystem aufgebaut. Die Geschäftsführung wird von den drei Gesellschaftern gemeinsam wahrgenommen. Der Geschäftsführung unterstehen die zwei Bereichsleiter. Diese sind den Abteilungsleitern ihrer Bereiche gegenüber weisungsbefugt, die wiederum nur ihren Mitarbeitern Weisungen erteilen dürfen.

**Firmenanschrift**

BüroTec GmbH
Anglerstraße 34
47444 Moers

**Telefon, Telefax & E-Mail**

Telefon: 02841 283-0
Telefax: 02841 283-1
E-Mail: info@buerotec.de

**Bankverbindung**

Sparkasse am Niederrhein
IBAN: DE41 3545 0000 0369 9908 94
BIC: WELADED1MOR

Postbank Essen
IBAN: DE79 3601 0043 0734 8993 29
BIC: PBNKDEFF360

Das nachfolgende Organigramm verdeutlicht die Aufbauorganisation der BüroTec GmbH.

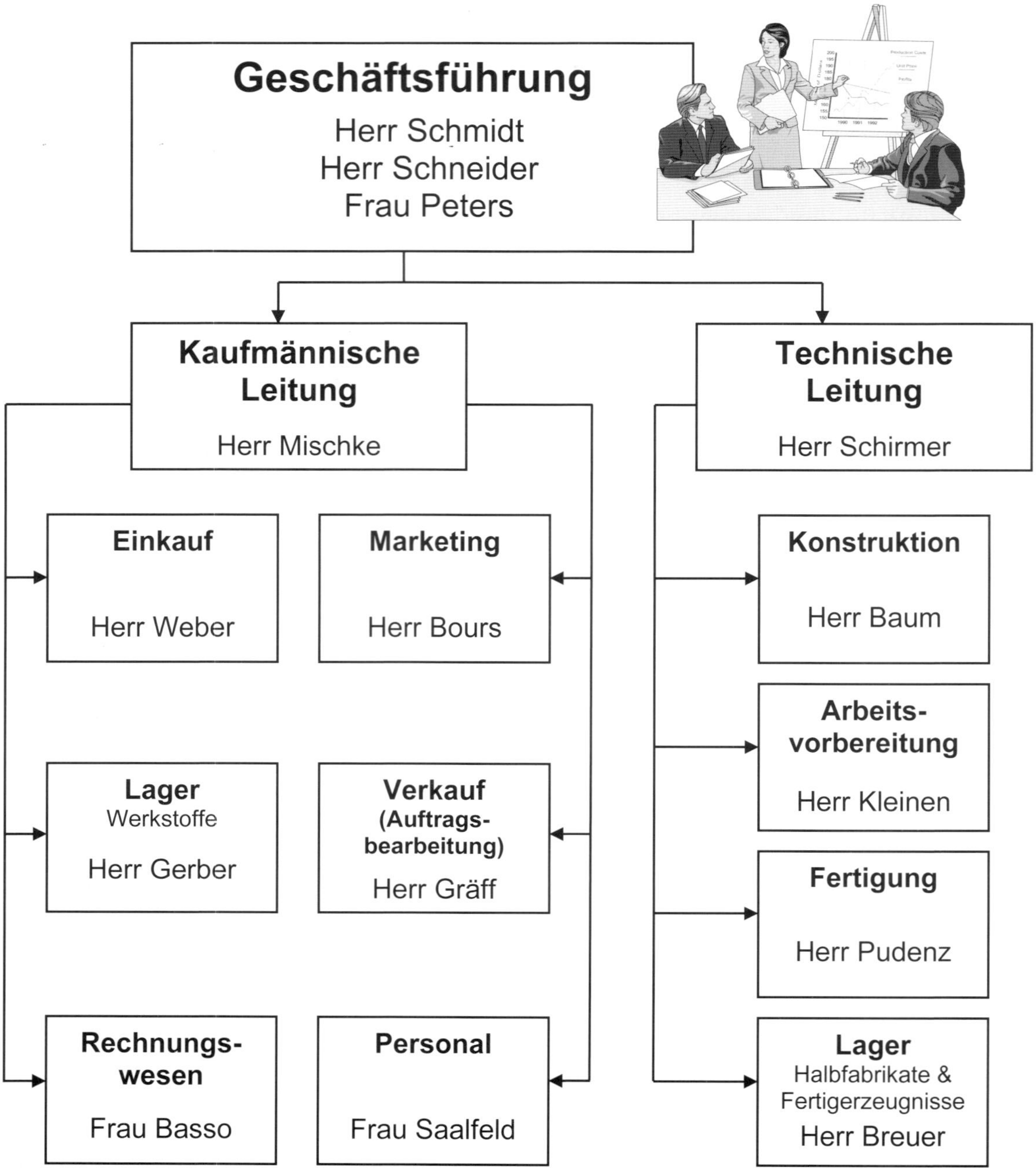


**Arbeitsaufträge:**

1. Verschaffen Sie sich einen Überblick über die BüroTec GmbH. Nutzen Sie hierzu das Auswertungsformular (Info 1).

2. Nehmen Sie an, Sie sind als Mitarbeiter/-in bei der BüroTec GmbH eingestellt worden. Skizzieren Sie Tätigkeiten, die in der Personalabteilung anfallen. Nutzen Sie hierzu die vorgegebene Struktur (Info 2).

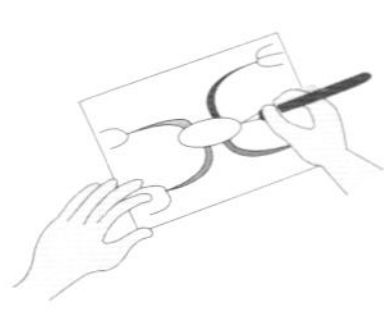

3. Erläutern Sie, welche Ziele in der Personalwirtschaft verfolgt werden.

4. Begründen Sie, ob es sich bei den Geschäftsprozessen in der Personalwirtschaft um Kernprozesse oder um Supportprozesse handelt.

**Info 1: Auswertungsformular**

# BüroTec GmbH

1. Unternehmensart: ______________________________

2. Branche: ______________________________

3. Produktionsprogramm: ______________________________

   ______________________________

4. Gesellschaftsform (Rechtsform): ______________________________

5. Gesellschafter: ______________________________

   ______________________________

   ______________________________

6. Gründungsjahr: ______________________________

7. Hervorgegangen aus: ______________________________

8. Standort: ______________________________

9. Verkaufsgebiet: ______________________________

10. Vertriebsweg: ______________________________

11. Kundenzielgruppe: ______________________________

12. Fertigung: ______________________________

    ______________________________

13. Zahl der Mitarbeiter: ______________________________

14. Aufbauorganisation: ______________________________

## Info 2: Struktur „Tätigkeiten in der Personalabteilung“

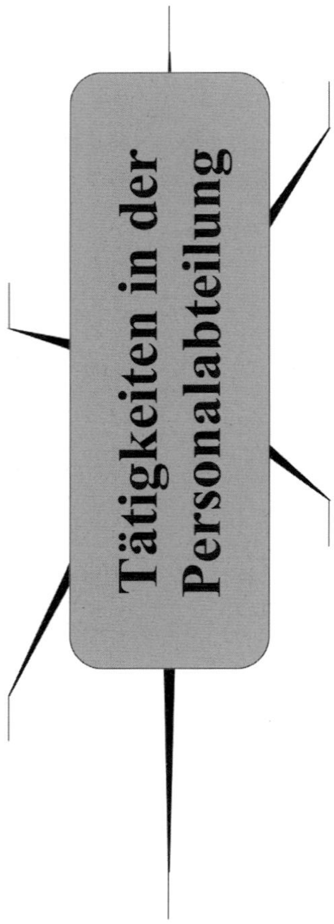

| Lernsituation 02  | # Den quantitativen Personalbedarf ermitteln | **Personal-prozesse** |
|---|---|---|

## Lernsituation:

Anfang Dezember bittet Herr Mischke, der kaufmännische Leiter der BüroTec GmbH, seine Personalleiterin Frau Saalfeld zu sich, um die wirtschaftliche Situation des Unternehmens und deren Auswirkung auf den Personalbereich zu besprechen. Anwesend ist auch Herr Schirmer, der für die technische Leitung im Hause zuständig ist.

**Herr Mischke:** Frau Saalfeld, Herr Schirmer, ich habe gute Nachrichten. Laut der von uns in Auftrag gegebenen Absatzprognose werden wir unsere Absatzzahlen für das kommende Jahr deutlich steigern können. Zuwachsraten im zweistelligen Bereich scheinen im Bereich des Möglichen zu liegen.

**Herr Schirmer:** Eine gute Nachricht. Kapazitäten sind in ausreichendem Maße vorhanden. Aber die Zahl der Mitarbeiter, die im Moment in der Fertigungsabteilung beschäftigt sind, wird nie und nimmer ausreichen. Hier bewegen wir uns schon seit einiger Zeit am untersten Limit.

**Herr Mischke:** Da muss ich Ihnen zustimmen. Aus diesem Grund habe ich auch Frau Saalfeld hinzugebeten. Ihre Aufgabe wird darin bestehen, den benötigten Personalbedarf zu ermitteln.

**Frau Saalfeld:** Keine leichte Aufgabe. Schließlich gehen auch noch einige Mitarbeiter in Rente und andere kehren aus der Elternzeit zurück, um nur einige Beispiele zu nennen. Gibt es sonst noch irgendetwas, das ich wissen muss?

**Herr Mischke:** In der Tat, Frau Saalfeld. Um die Wettbewerbsfähigkeit unseres Unternehmens zu erhöhen, hat die Geschäftsführung zwei weitere Maßnahmen beschlossen.

**Herr Schirmer:** *zustimmendes Nicken*

**Herr Mischke:** Zum einen wollen wir unsere Position in den neuen Bundesländern stärken, indem wir in Rostock und Dresden zwei Verkaufsbüros einrichten, von denen aus der ostdeutsche Markt bearbeitet werden soll. Die andere Maßnahme ist auf eine Verringerung der Lagerkosten ausgerichtet. Mit einer teilweisen Umstellung auf die Just-in-time-Anlieferung sollen nicht zuletzt auch Personalkosten eingespart werden.

**Frau Saalfeld:** Gut, meine Herren, ich mache mich sofort an die Arbeit.

## Arbeitsaufträge:

1. Führen Sie als Mitarbeiter von Frau Saalfeld für das kommende Jahr die **quantitative Personalbedarfsplanung** für das bei der BüroTec GmbH beschäftigte **Fachpersonal**[1] durch. Prüfen Sie für die einzelnen Abteilungen, ob Personal abgebaut oder neue Mitarbeiter eingestellt werden müssen. Beschränken Sie sich hierbei auf die von Personal-

---

1 Die Personalbedarfsplanung Fachpersonal bezieht sich ausschließlich auf die kaufmännischen Sachbearbeiter sowie die gewerblich-technischen Facharbeiter, die alle über eine abgeschlossene Berufsausbildung verfügen. Die Personalbedarfsplanung für die Führungskräfte (Bereichs- und Abteilungsleiter) sowie die wenigen sonstigen Mitarbeiter (Sekretärinnen der Bereichsleitungen, Auszubildende, Hilfsarbeiter etc.) wird gesondert von anderen Mitarbeitern durchgeführt.

veränderungen betroffenen Abteilungen und verwenden Sie hierzu das zur Verfügung stehende Formular (Info 3) sowie die weiteren Informationen. Runden Sie Ihre Ergebnisse wenn nötig auf ganze Zahlen auf.

2. Manche Unternehmen haben mit einer hohen Fluktuationsrate zu kämpfen. Fluktuation bedeutet, dass Mitarbeiter von sich aus kündigen, um bei einem anderen Unternehmen ein neues Beschäftigungsverhältnis zu beginnen. Häufig sind dies gerade die qualifizierten Mitarbeiter. Nennen Sie Ursachen, die zu einer solchen Situation führen können.

3. Nennen Sie konkrete Maßnahmen, die eine Geschäftsführung ergreifen kann, wenn ein schlechtes Arbeitsklima als Ursache für die unter Arbeitsauftrag 2 beschriebene Problematik ausgemacht wurde.

### Info 1: Interne Mitteilungen

# BüroTec GmbH

## Interne Mitteilung

**an:** Frau Saalfeld (Personal)

**von:** Marc Spitz
**Abteilung:** Personal
**Datum:** 10.12.20..
**Zeichen:** sp

**Personalbestand Fachpersonal im aktuellen Geschäftsjahr**

In den einzelnen Abteilungen ist folgender Soll-Ist-Bestand ermittelt worden:

| | | | |
|---|---|---|---|
| Einkauf: | 12 MA / 12 MA* | Konstruktion: | 06 MA / 06 MA |
| Lager (Werkstoffe): | 11 MA / 10 MA | Arbeitsvorbereitung: | 06 MA / 06 MA |
| Rechnungswesen: | 12 MA / 11 MA | Fertigung: | 68 MA / 68 MA |
| Marketing: | 10 MA / 10 MA | Lager (Fertigerzeugnisse): | 08 MA / 08 MA |
| Auftragsbearbeitung: | 14 MA / 14 MA | Personal: | 08 MA / 08 MA |

*MA = Mitarbeiter; Soll-Bestand MA / Ist-Bestand MA

**Personalbewegungen im kommenden Geschäftsjahr**

Herr Rinke und Herr Bange, beide langjährige Einkaufssachbearbeiter, werden Anfang des Jahres in den Ruhestand versetzt.

Herr Hausmann und Herr Manfeld, Mitarbeiter im Werkstofflager, möchten sich beruflich verändern und haben zum 1. Februar des kommenden Jahres gekündigt. Zudem geht Herr Meier, ebenfalls Mitarbeiter des Werkstofflagers, zum 1. März in Rente.

Herr Nolte, Mitarbeiter der Abteilung Rechnungswesen, geht in Elternzeit. Frau Dreeg und Frau Liebert, ebenfalls Sachbearbeiterinnen im Rechnungswesen, kehren hingegen aus der dreijährigen Elternzeit zurück.

Frau Lose, Sachbearbeiterin im Marketing, geht zum 10. März für 14 Wochen in Mutterschutz. Da ihr Mann Elternzeit beantragt hat, wird sie danach dem Unternehmen mit voller Stundenzahl zur Verfügung stehen. Frau Bresser, Sachbearbeiterin im Marketing, hat zum 15. Januar des kommenden Jahres aus familiären Gründen gekündigt.

Frau Harder, eine Sachbearbeiterin in der Auftragsbearbeitung, hat zum 15. Januar gekündigt. Die Stelle von Frau Harder kann mit Herrn Wolf, einem jungen Mitarbeiter, der zu Beginn des Jahres seine Ausbildung zum Industriekaufmann beenden wird, besetzt werden.

Herr Gerber, Mitarbeiter der Fertigung, geht zum 1. April des kommenden Jahres in Rente.

Mit freundlichen Grüßen

Marc Spitz

**Fortsetzung**

# BüroTec GmbH

## Interne Mitteilung

**an:** Frau Saalfeld (Personal)

**von:** Frauke Paul
**Abteilung:** Marketing
**Datum:** 11.12.20..
**Zeichen:** pa

**Absatzprognose für das kommende Geschäftsjahr**

Das von uns beauftragte Marktforschungsinstitut geht davon aus, dass wir den Absatz unserer Büromöbel aufgrund der konjunkturellen Aufschwungsituation im kommenden Jahr um 15 % steigern können. Voraussetzung hierfür ist allerdings eine weiterhin verwenderfreundliche Preispolitik.

Mit freundlichen Grüßen

Frauke Paul

# BüroTec GmbH

## Interne Mitteilung

**an:** Frau Saalfeld (Personal)

**von:** Dilan Ari
**Abteilung:** Personal
**Datum:** 09.12.20..
**Zeichen:** ar

**Arbeitszeitverlängerung**

Gemäß Vereinbarung der Tarifpartner der holzverarbeitenden Industrie erhöht sich die tarifliche Wochenarbeitszeit ab Januar des kommenden Jahres von 38 h auf 39 h pro Woche.

Mit freundlichen Grüßen

Dilan Ari

# BüroTec GmbH

## Interne Mitteilung

**an:** Frau Saalfeld (Personal)

**von:** Frank Bruns
**Abteilung:** Fertigung
**Datum:** 20.12.20..
**Zeichen:** br

1. Fertigung 20.. (laufendes Geschäftsjahr)

| | | | |
|---|---|---|---|
| **Produktion:** | 27.000 Einheiten | **Arbeitswochen:** | 46 Wochen |
| **Personalbestand:** | 68 Mitarbeiter | **h je Woche:** | 38 Stunden |

2. Aufgrund der von der Marketingabteilung prognostizierten steigenden Absatzzahlen werden in der Fertigung entsprechend mehr Mitarbeiter benötigt. Auf die übrigen Abteilungen haben die steigenden Absatzzahlen laut Aussagen der zuständigen Abteilungsleiter keine Auswirkungen.

Mit freundlichen Grüßen

Frank Bruns

**Fortsetzung**

# BüroTec GmbH

## Interne Mitteilung

**an:** Frau Saalfeld (Personal)

**von:** Dennis Jauch
**Abteilung:** Auftragsbearb.
**Datum:** 11.12.20..
**Zeichen:** ja

**Verkaufsbüros neue Bundesländer**

Die Verkaufsbüros in Rostock und Dresden sollen mit je zwei Verkaufssachbearbeitern besetzt werden, die, wie in unserem Hause üblich, auch Außendiensttätigkeiten übernehmen sollen. Organisatorisch sind diese Mitarbeiter der Abteilung Auftragsbearbeitung zuzuordnen.

Mit freundlichen Grüßen

*Dennis Jauch*

# BüroTec GmbH

## Interne Mitteilung

**an:** Frau Saalfeld (Personal)

**von:** Leo Krug
**Abteilung:** Lager
**Datum:** 09.12.20..
**Zeichen:** kr

**Just-in-time-Anlieferung**

Aufgrund von Erfahrungswerten vergleichbarer Unternehmen gehen wir davon aus, dass durch die teilweise Einführung der Just-in-time-Anlieferung in der Abteilung Lager (Werkstoffe) insgesamt vier Mitarbeiter eingespart werden können.

Mit freundlichen Grüßen

*Leo Krug*

## Info 2: Auszug aus dem 1 x 1 des Personalmanagements

# P

**1 x 1 des Personalmanagements**

### Personalbedarfsplanung

Der Personalbedarf eines Unternehmens wird durch viele verschiedene Einflussfaktoren bestimmt. Zu unterscheiden sind hierbei interne und externe Einflussgrößen:

**Einflussgrößen der Personalbedarfsplanung**

**Interne Einflussgrößen**

- Arbeitsorganisation
- Leistungsvermögen der Mitarbeiter
- Eingesetzte Betriebsmittel
- Rationalisierungsmaßnahmen
- Fehlzeiten
- ...

**Externe Einflussgrößen**

- Konjunkturelle Entwicklung
- Tarifvertragliche Änderungen
- Technische Entwicklung
- Rationalisierungsmöglichkeiten
- ...

Die Aufgabe der Personalbedarfsplanung besteht darin, zu ermitteln, wie viel Mitarbeiter mit welchen Qualifikationen zur Wahrnehmung aller betrieblichen Aufgaben benötigt werden. Man unterscheidet in diesem Zusammenhang zwischen der quantitativen und der qualitativen Personalbedarfsplanung.

Im Rahmen der **quantitativen Personalbedarfsplanung** wird zunächst anhand des Stellenplans der Soll-Personalbestand berechnet. Anschließend wird mithilfe des Stellenbesetzungsplans ermittelt, welche Stellen tatsächlich besetzt sind (Ist-Personalbestand). Ist der Soll-Personalbestand größer als der Ist-Personalbestand, spricht man von einer Unterdeckung, d.h., es müssen zusätzliche Mitarbeiter eingestellt werden. Im umgekehrten Fall spricht man von einer Überdeckung, d.h., Personal muss abgebaut werden. Müssen z.B. aufgrund von steigenden Absatzzahlen neue Mitarbeiter eingestellt werden, wird dies als Neubedarf bezeichnet. Der Neubedarf beruht i.d.R. entweder auf Schätzwerten der Geschäftsführung, die auf ihre bisherigen Erfahrungen zurückgreift, oder auf Kennzahlen, wie z.B. die Entwicklung der Umsatz- und Absatzzahlen. Im letzteren Fall werden die betriebswirtschaftlichen Größen ins Verhältnis zu der Zahl der Mitarbeiter gesetzt. Können z.B. durch Rationalisierungsmaßnahmen Mitarbeiter eingespart werden, ist die Rede vom Minderbedarf. Darüber hinaus sind Personalbewegungen, wie Zu- und Abgänge, entsprechend zu berücksichtigen.

| | |
|---|---|
| | Soll-Personalbestand |
| - | Ist-Personalbestand |
| **=** | **Über- oder Unterdeckung I** |
| + | Neubedarf |
| - | Minderbedarf |
| **=** | **Über- oder Unterdeckung II** |
| - | Zugänge (Rückkehr aus Mutterschutz u.a.) |
| + | Abgänge (Rente u.a.) |
| **=** | **Über- oder Unterdeckung III** |

Ist die quantitative Personalbedarfsplanung abgeschlossen, muss im Rahmen der **qualitativen Personalbedarfsplanung** festgelegt werden, welche Qualifikationen die zukünftigen Mitarbeiter für die Bewältigung ihrer Aufgaben benötigen. Hierzu ist für jeden zukünftigen Mitarbeiter ein Anforderungsprofil zu erstellen, das aus den zur Verfügung stehenden Stellenbeschreibungen abgeleitet werden kann.

## Info 3: Formular zur Personalbedarfsermittlung

| Quantitative Personalbedarfsermittlung Fachpersonal 20.. | | | | | | | |
|---|---|---|---|---|---|---|---|
| | | Betroffene Abteilungen | | | | | |
| | | | | | | | |
| **Personalbestand (SOLL)** | | | | | | | |
| **- Personalbestand (IST)** | | | | | | | |
| **= Unter- oder Überdeckung I** | | | | | | | |
| **+ Neubedarf** | | | | | | | |
| **- Minderbedarf** | | | | | | | |
| **= Unter- oder Überdeckung II** | | | | | | | |
| **- Zugänge** | Mutterschutz | | | | | | |
| | Elternzeit | | | | | | |
| | Übernahme aus Ausbildung | | | | | | |
| | Versetzung | | | | | | |
| **+ Abgänge** | Mutterschutz | | | | | | |
| **(Ersatzbedarf)** | Elternzeit | | | | | | |
| | Rente | | | | | | |
| | Kündigung | | | | | | |
| | Sonstiges | | | | | | |
| **= Unter- oder Überdeckung III** | | | | | | | |

| Lernsituation 03  | Den qualitativen Personalbedarf ermitteln | Personal-prozesse |
|---|---|---|

## Lernsituation:

Im Anschluss an die quantitative Personalbedarfsplanung muss sich Frau Saalfeld überlegen, welche Qualifikationen die benötigten Mitarbeiter mitbringen müssen. Um diese Frage zu beantworten, muss sie zunächst in Erfahrung bringen, welche Aufgaben die zukünftigen Mitarbeiter zu bewältigen haben. Aus diesem Grund beauftragt Frau Saalfeld eine Mitarbeiterin damit, die entsprechenden Stellenbeschreibungen herauszusuchen. Diese sollen Frau Saalfeld dazu dienen, exakte Anforderungsprofile für die einzelnen Stellen ausarbeiten zu können.

## Arbeitsaufträge:

1. Erstellen Sie exemplarisch anhand der Stellenbeschreibung „Verkaufssachbearbeiter mit Außendiensttätigkeit" ein möglichst exaktes Anforderungsprofil für die entsprechende Stelle (Info 1 und 2).

   Kriterien:

   - Schulbildung
   - Ausbildung
   - Weitere Qualifikationen (Zertifikate etc.)
   - Branchenkompetenz
   - Erscheinungsbild
   - Fachwissen
   - Computerkenntnisse
   - Weitere Merkmale (Sollkompetenzen)

2. Beschreiben Sie ausführlich die Auswirkungen, die sich aus einem nicht sorgfältig erstellten Anforderungsprofil für ein Unternehmen ergeben können.
3. Nennen Sie besondere Anforderungen, die an eine Führungskraft im Vergleich zu einem normalen Sachbearbeiter zu stellen sind.

| Anforderungen an Führungskräfte | | |
|---|---|---|
| | | |
| | | |

4. Einige Unternehmen neigen dazu, Mitarbeiter einzustellen, die für die Tätigkeit überqualifiziert sind. Beschreiben Sie, welche Probleme sich hieraus ergeben können.
5. In der Praxis werden nicht alle Anforderungskriterien (hier insbesondere die „Weiteren Merkmale") für die Stelle die gleiche Bedeutung haben. Erläutern Sie, wie man diesem Umstand im Anforderungsprofil gerecht werden kann.
6. Nennen Sie Gründe, warum viele Personalleiter empfehlen, nicht zu viele Kriterien in das Anforderungsprofil aufzunehmen.
7. Beschreiben Sie, welche Probleme sich bei der Personalauswahl ergeben können, wenn sehr allgemeine Anforderungskriterien, wie z.B. „belastbar", „flexibel" oder „zuverlässig", festgelegt werden.

8. Erklären Sie, wie Frau Saalfeld im Anschluss an die quantitative und qualitative Personalplanung weiter vorgehen muss.

**Info 1: Anforderungsprofil**

| Anforderungsprofil | |
|---|---|
| **Stellenbezeichnung** | |
| **Abteilung** | |
| **Schulbildung** | |
| **Ausbildung** | |
| **Weitere Qualifikationen (Zertifikate etc.)** | |
| **Branchenkompetenz** | |
| **Erscheinungsbild** | |
| **Fachwissen** | |
| **Computerkenntnisse** | |
| **Weitere Merkmale (Sollkompetenzen)** | |
| | |
| | |
| | |
| | |
| | |
| | |
| | |
| | |

## Info 2: Stellenbeschreibung

**BüroTec GmbH**

### Stellenbeschreibung

**Bezeichnung der Stelle:**

- Verkaufssachbearbeiter im Verkaufsbüro mit Außendiensttätigkeit

**Unterstellung:**

- Der Stelleninhaber ist dem Abteilungsleiter Auftragsbearbeitung unterstellt.

**Überstellung:**

- keine

**Ziele:**

Der Stelleninhaber hat seine Aufgaben so wahrzunehmen, dass

- alle in seinem Bereich anfallenden Aufgaben sachlich richtig, termingerecht und wirtschaftlich erledigt werden,
- die anvisierten Verkaufsziele hinsichtlich der Marktanteile und des Umsatzes erreicht werden,
- die Anzahl der Kunden, insbesondere die der A-Kunden, erhöht wird,
- die Termine mit den Kunden so festgelegt werden, dass diese von der Produktion eingehalten werden können und die Produktion gleichmäßig hoch ausgelastet ist,
- das Ansehen und der Bekanntheitsgrad des Unternehmens bei den Kunden gestärkt werden und das Unternehmen neue Kunden gewinnt.

**Aufgaben:**

Der Stelleninhaber

- erstellt Angebote und entscheidet vor Ort über die Gewährung von Sonderkonditionen und Preisnachlässen bis maximal 10 % vom Listenpreis,
- nimmt die Aufträge entgegen und leitet diese an die Abteilung Auftragsbearbeitung in Moers weiter (SAP Modul Auftragsbearbeitung),
- baut sich einen Kundenstamm auf und pflegt diesen,
- führt eine Kundendatei,
- besucht seine Kunden sowie Interessenten und führt mit diesen Verkaufsgespräche mit dem Ziel, Kaufverträge abzuschließen,
- führt rechnergestützte Präsentationen bei Kunden durch,
- nimmt Reklamationen entgegen und bearbeitet diese,
- geht Zahlungsversäumnissen der Kunden nach,
- erstellt wöchentlich Reiseberichte,
- führt Marktanalysen durch und leitet die Erkenntnisse an den Abteilungsleiter Auftragsbearbeitung weiter,
- informiert den Abteilungsleiter Auftragsbearbeitung über die Wirkung von eigenen Werbeaktionen, die Werbeaktionen der Konkurrenz, Anregungen und Reklamationen der Kunden,
- informiert sich laufend über Produktveränderungen und neue Produkte des Hauses sowie des Wettbewerbs und
- nimmt auf Anweisung des Abteilungsleiters Auftragsbearbeitung an Schulungen und Trainingsmaßnahmen teil.

**Besondere Befugnisse:**

- keine

**Stellvertretung:**

- Der Stelleninhaber vertritt den zweiten Verkaufssachbearbeiter im Verkaufsbüro.
- Der Stelleninhaber wird durch den zweiten Verkaufssachbearbeiter vertreten.

...



3 Merkur-Nr. 1022

| Lernsituation 04  | **Personal beschaffen** | **Personal-prozesse** |
|---|---|---|

## Lernsituation:

Eine Woche nachdem Frau Saalfeld ihre Mitarbeiter mit der quantitativen Personalbedarfsplanung[1] beauftragt hat, liegen die Ergebnisse vor:

Gemäß Personalbedarfsplanung werden u.a. vier Verkaufssachbearbeiter mit Außendiensttätigkeit für die beiden Verkaufsbüros in Rostock und Dresden benötigt.

Darüber hinaus benötigt die BüroTec GmbH unerwartet einen neuen Einkaufsabteilungsleiter, da Herr Weber aus Krankheitsgründen in Rente geht. Zudem steht Frau Sebert, Sekretärin des kaufmännischen Leiters Herrn Mischke, wegen eines Beinbruchs sechs Wochen nicht zur Verfügung. Für diese Zeit wird eine Aushilfskraft mit Sekretariatserfahrung benötigt. Zusätzlich plant man, zwei Auszubildende für den Ausbildungsberuf Industriekaufmann/-frau einzustellen.

Unverzüglich bittet Frau Saalfeld den kaufmännischen Leiter Herrn Mischke und den technischen Leiter Herrn Schirmer um einen Termin, um die Lage zu besprechen:

**Herr Mischke:** Guten Morgen, Frau Saalfeld. Was kann ich für Sie tun?

**Frau Saalfeld:** Guten Morgen, Herr Mischke. Ich wollte Ihnen kurz die Ergebnisse der Personalbedarfsplanung mitteilen. Insgesamt müssen wir mehr als 20 neue Mitarbeiter einstellen.

**Herr Mischke:** Kommen wir denn ganz ohne Kündigungen aus? Ich denke da insbesondere an die Rationalisierungsmaßnahme im Bereich Lager.

**Frau Saalfeld:** Erfreulicherweise ja. In diesem Fall kommt uns unter anderem zugute, dass einige Lagermitarbeiter den verdienten Ruhestand antreten, sodass wir Kündigungen vermeiden können.

**Herr Mischke:** Eine gute Nachricht, Frau Saalfeld. Und was die neuen Mitarbeiter angeht: Bei der derzeitigen Situation auf dem Arbeitsmarkt müssten doch qualifizierte Mitarbeiter schnell zu finden sein.

**Herr Schirmer:** Das schon, aber bei personellen Angelegenheiten hat unser Betriebsrat Herr Köhler ein gewichtiges Wort mitzureden.

**Herr Mischke:** Frau Saalfeld, das müssen Sie mir erklären.

**Frau Saalfeld:** Nun ...

[1] Bereiche der Personalbedarfsplanung: Fachpersonal, Führungskräfte und Sonstige Mitarbeiter.

## Arbeitsaufträge:

1. Führen Sie vier Möglichkeiten der internen Personalbeschaffung an.

| Interne Personalbeschaffung | | |
|---|---|---|
| | 1 | |
| | 2 | |
| | 3 | |
| | 4 | |

2. Prüfen Sie, welche Rechte der Betriebsrat im Rahmen der Personalplanung und der Personalbeschaffung geltend machen kann (Info 1).

| Rechte des Betriebsrates | |
|---|---|
| Personalplanung | Personalbeschaffung |
| | |

3. Erläutern Sie, welche Vor- und Nachteile Ihrer Auffassung nach mit einer internen Personalbeschaffung verbunden sind.

| Interne Personalbeschaffung | |
|---|---|
| Vorteile | Nachteile |
| | |
| | |
| | |
| | |

4. Da sich kein Mitarbeiter der BüroTec GmbH für die Position des Einkaufsabteilungsleiters aufdrängt und auch keine Mitarbeiter für die Stellen als Verkaufssachbearbeiter in den neuen Bundesländern infrage kommen, sind sich Frau Saalfeld, und der Betriebsrat Herr Köhler schnell einig, dass die Stellen nicht intern ausgeschrieben werden, sondern die benötigten Mitarbeiter extern beschafft werden sollen.

   Verfassen Sie exemplarisch eine aussagekräftige Stellenanzeige[1], mit deren Hilfe geeignete Bewerber für die Stellen der „Verkaufssachbearbeiter mit Außendiensttätigkeiten" (zum 01.04.20..) in Dresden gefunden werden können. Nutzen Sie hierzu die Vorlage unter Info 2. Geeignete Beispiele für Stellenanzeigen finden Sie in regionalen oder überregionalen Tagezeitungen sowie in Jobbörsen im Internet.

5. Nennen Sie für jede einzelne der zu besetzenden Stellen zweckmäßige, d.h. erfolgversprechende externe Beschaffungswege.

| Externe Personalbeschaffung | | | |
|---|---|---|---|
| **Zu besetzende Stellen** | **Alternative 1** | **Alternative 2** | **Alternative 3** |
| Verkaufssachbearbeiter mit Außendiensttätigkeit in den Verkaufsbüros | | | |
| Abteilungsleiter Einkauf | | | |
| Aushilfe Sekretariat | | | |
| Auszubildender Industriekaufmann/-frau | | | |

6. Erläutern Sie, welche Vor- und Nachteile Sie in Zusammenhang mit der externen Beschaffung sehen.

| Externe Personalbeschaffung | |
|---|---|
| **Vorteile** | **Nachteile** |
| | |
| | |
| | |
| | |

[1] Eine Stellenanzeige wird i.d.R. in einer Tageszeitung geschaltet. Die Inhalte der Stellenanzeige sind jedoch für alle externen Beschaffungswege (z.B. Job-Portale im Internet, Personalleasing) relevant.

## Info 1: Auszug aus einem Informationspapier der Kanzlei Berger & Partner

**Information „Arbeitsrecht“**

**Berger & Partner**
Rechtsanwälte
Arbeitsrecht
Wirtschaftsrecht
Gesellschaftsrecht

### Rechte des Betriebsrates bei der Personalplanung und der Personalbeschaffung

Grundsätzlich ist im Rahmen der Personalbeschaffung zwischen der internen und der externen Beschaffung zu unterscheiden. Mit interner Personalbeschaffung ist neben der Übernahme von Auszubildenden insbesondere die interne Stellenausschreibung gemeint. Darüber hinaus zählen im weitesten Sinne auch Überstunden sowie die Qualifizierung von Mitarbeitern zu den Möglichkeiten der internen Personalbeschaffung. Bei der externen Personalbeschaffung versucht man, Mitarbeiter von außerhalb für das Unternehmen zu gewinnen.
Bei der Personalbeschaffung sowie der Personalplanung hat der Betriebsrat bestimmte Rechte, die aus den nachfolgend aufgeführten Paragrafen entnommen werden können.

**Relevante Paragrafen des Betriebsverfassungsgesetzes (BetrVG)**

**§ 92 Personalplanung**

(1) Der Arbeitgeber hat den Betriebsrat über die Personalplanung, insbesondere über den gegenwärtigen und künftigen Personalbedarf sowie über die sich daraus ergebenden personellen Maßnahmen und Maßnahmen der Berufsbildung anhand von Unterlagen rechtzeitig und umfassend zu unterrichten. Er hat mit dem Betriebsrat über Art und Umfang der erforderlichen Maßnahmen und über die Vermeidung von Härten zu beraten.
(2) Der Betriebsrat kann dem Arbeitgeber Vorschläge für die Einführung einer Personalplanung und ihre Durchführung machen.
(3) Die Absätze 1 und 2 gelten entsprechend für Maßnahmen im Sinne des § 80 Abs. 1 Nr. 2a und 2b, insbesondere für die Aufstellung und Durchführung von Maßnahmen zur Förderung der Gleichstellung von Frauen und Männern. (Anmerkung der Verfasser: Gemäß § 80 Abs. 1 Nr. 2a und 2b hat der Betriebsrat die Durchsetzung der tatsächlichen Gleichstellung von Frauen und Männern, insbesondere bei der Einstellung, Beschäftigung, Aus-, Fort- und Weiterbildung und dem beruflichen Aufstieg, sowie die Vereinbarkeit von Familie und Erwerbstätigkeit zu fördern.)

**§ 93 Ausschreibung von Arbeitsplätzen**

Der Betriebsrat kann verlangen, dass Arbeitsplätze, die besetzt werden sollen, allgemein oder für bestimmte Arten von Tätigkeiten vor ihrer Besetzung innerhalb des Betriebs ausgeschrieben werden.

**§ 99 Mitbestimmung bei personellen Einzelmaßnahmen**

(1) In Unternehmen mit in der Regel mehr als zwanzig wahlberechtigten Arbeitnehmern hat der Arbeitgeber den Betriebsrat vor jeder Einstellung, Eingruppierung, Umgruppierung und Versetzung zu unterrichten (...) und die Zustimmung des Betriebsrats zu der geplanten Maßnahme einzuholen. (...)
(2) Der Betriebsrat kann die Zustimmung verweigern, wenn die personelle Maßnahme gegen ein Gesetz, eine Verordnung, eine Unfallverhütungsvorschrift oder gegen eine Bestimmung in einem Tarifvertrag oder in einer Betriebsvereinbarung (...) verstoßen würde (...), die durch Tatsachen begründete Besorgnis besteht, dass infolge der personellen Maßnahme im Betrieb beschäftigte Arbeitnehmer gekündigt werden oder sonstige Nachteile erleiden, ohne dass dies aus betrieblichen oder persönlichen Gründen gerechtfertigt ist (...), eine nach § 93 erforderliche Ausschreibung im Betrieb unterblieben ist oder die durch Tatsachen begründete Besorgnis besteht, dass der für die personelle Maßnahme in Aussicht genommene Bewerber oder Arbeitnehmer den Betriebsfrieden durch gesetzwidriges Verhalten oder (...) durch rassistische oder fremdenfeindliche Betätigung stören werde.
(3) Verweigert der Betriebsrat seine Zustimmung, so hat er dies unter Angabe von Gründen innerhalb einer Woche nach Unterrichtung durch den Arbeitgeber diesem schriftlich mitzuteilen. Teilt der Betriebsrat dem Arbeitgeber die Verweigerung seiner Zustimmung nicht innerhalb der Frist schriftlich mit, so gilt die Zustimmung als erteilt.
(4) Verweigert der Betriebsrat seine Zustimmung, so kann der Arbeitgeber beim Arbeitsgericht beantragen, die Zustimmung zu ersetzen.

## Info 2: Vorlage zum Verfassen einer Stellenanzeige

| Lernsituation 05 | Personal auswählen I (Bewerbungsunterlagen sichten) | Personal-prozesse |
|---|---|---|

# Personal auswählen I
## (Bewerbungsunterlagen sichten)

**Personal-prozesse**

### Lernsituation:

Nach reiflicher Überlegung hat sich Frau Saalfeld dazu entschieden, die benötigten Mitarbeiter vorwiegend über Stellenanzeigen in diversen regionalen und überregionalen Tageszeitungen zu beschaffen. Eine Woche nach Schaltung der Anzeigen liegen Hunderte von Bewerbungen auf ihrem Schreibtisch. Es gilt, die „Spreu vom Weizen zu trennen". Ist dies geschehen, möchte man im Rahmen von Vorstellungsgesprächen herausfinden, welche Mitarbeiter eingestellt werden sollen.

### Arbeitsaufträge:

1. Im Hause BüroTec GmbH sollen die benötigten Mitarbeiter anhand der Bewerbungsunterlagen sowie anschließend stattfindender Vorstellungsgespräche ausgewählt werden. Beschreiben Sie weitere Möglichkeiten, Personal auszuwählen.

_______________________________________________

_______________________________________________

_______________________________________________

_______________________________________________

2. Erstellen Sie eine Übersicht zum Umgang mit Bewerbungsunterlagen, indem Sie wesentliche Aspekte in einem Schaubild (Info 2) festhalten. Nutzen Sie hierzu den zur Verfügung stehenden Informationstext „Umgang mit Bewerbungsunterlagen" (Info 1).

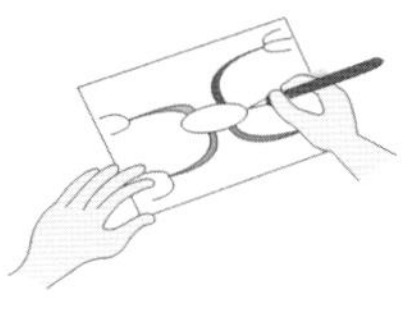

3. Für die beiden Stellen „Verkaufssachbearbeiter mit Außendiensttätigkeit" in Dresden liegen mehrere Bewerbungen vor. Frau Saalfeld überträgt Ihnen die Aufgabe, sich mit vier dieser Bewerbungen auseinanderzusetzen.

   Sichten Sie die Bewerbungsunterlagen (Info 4–7)

   - Anschreiben
   - Lebenslauf
   - Arbeitszeugnis

   der folgenden vier Bewerber

   - Herr Peter Franke
   - Herr Jan Dörner
   - Frau Petra Geyer
   - Herr Bernd Witt

   und unterbreiten Sie Frau Saalfeld einen begründeten Vorschlag, welche Bewerber Sie zu einem Vorstellungsgespräch einladen würden.

   Nutzen Sie hierzu das zur Verfügung stehende Auswertungsformular (Info 3).

## Info 1: Auszug aus dem 1 x 1 des Personalmanagements

P

1 x 1 des Personal-
managements

### Personalauswahl I – Umgang mit Bewerbungsunterlagen

Nach Ende der gesetzten Bewerbungsfrist sind alle eingegangenen Bewerbungen in einem ersten Schritt hinsichtlich der im Anforderungsprofil festgelegten Kriterien zu untersuchen. Daneben geben Form und Inhalt der Bewerbungsunterlagen häufig Aufschluss über die zu erwartende Arbeitsqualität.

Bewerbungen, die den Anforderungen nicht entsprechen, sind zusammen mit einer Absage zurückzuschicken. Sollen nach Sichtung der Bewerbungsunterlagen mit einigen Bewerbern Vorstellungsgespräche durchgeführt werden, müssen die verbleibenden Bewerbungen einer genaueren Prüfung unterzogen werden. Anders verhält es sich bei Auswahlverfahren wie dem Assessment-Center, zu dem eine größere Anzahl an Bewerbern eingeladen werden kann. In diesem Fall ist eine weitere Vorauswahl nicht unbedingt nötig. Bei der Auswahl von Mitarbeitern ist gemäß §§ 1, 2 I Nr. 1 Allgemeines Gleichbehandlungsgesetz (AGG) zu beachten, dass der Arbeitgeber einen Bewerber nicht aus Gründen der Rasse oder wegen der ethnischen Herkunft, des Geschlechts, der Religion oder Weltanschauung, einer Behinderung, des Alters oder der sexuellen Identität benachteiligen darf.

Beabsichtigt man, Vorstellungsgespräche durchzuführen, ist es zweckmäßig, die drei Bausteine einer jeden Bewerbung – Anschreiben, Lebenslauf und Zeugnisse – genauer unter die Lupe zu nehmen:

**Anschreiben:**

- Das Anschreiben sollte Adresse, Telefonnummer und E-Mail des Bewerbers enthalten.
- Ist in der Stellenanzeige eine Kontaktperson angegeben, sollten allgemeine Anreden, wie z.B. „Sehr geehrte Damen und Herren“ unterbleiben.
- Die Bezugnahme auf den Anlass der Bewerbung, etwa ein Stellenangebot in einer bestimmten Tageszeitung, darf nicht fehlen, um den Unternehmen die Zuordnung zu ermöglichen (unklare Betreffzeilen sind wenig hilfreich).
- Enthält das Anschreiben Rechtschreib- und Grammatikfehler?
- Ist das Anschreiben unübersichtlich, nicht oder kaum gegliedert?
- Übersteigt das Anschreiben den zweckmäßigen Rahmen von einer Seite?
- Hat sich der Bewerber mit den Anforderungen des Unternehmens auseinandergesetzt?
- Erschweren komplizierte Satzkonstruktionen das Lesen?
- Neigt der Bewerber zu übersteigerten Selbstdarstellungen?
- Tauchen nichtssagende Floskeln auf?
- Werden die Anlagen aufgeführt?
- Ist das Anschreiben persönlich mit Vor- und Zuname unterschrieben (der Vor- und Zuname in Maschinenschrift unterhalb der Unterschrift gehört heutzutage nicht mehr zum guten Ton)?
- ...

**Lebenslauf:**

Der Lebenslauf, auch beruflicher Werdegang genannt, sollte klar und übersichtlich gegliedert sein. Aus diesem Grund sollte er chronologisch aufgebaut sein, d.h., von der Schulausbildung bis zur derzeitigen Tätigkeit sollten alle relevanten Informationen chronologisch aufgelistet sein. Hierbei bestehen grundsätzlich zwei Möglichkeiten. So kann man mit der aktuellen Situation beginnen und auf der Zeitachse zurückgehen oder aber die Ereignisse nacheinander bis zum heutigen Zeitpunkt auflisten. Heutzutage wird i.d.R. die erste Variante bevorzugt. Lebensläufe sollten folgende Aspekte enthalten:

- Foto[1]
- Persönliche Daten
- Angestrebte Position

[1] Gemäß Allgemeinem Gleichbehandlungsgesetz (AGG) brauchen Fotos den Bewerbungsunterlagen nicht mehr beigefügt zu werden. Dennoch ist für nicht wenige Unternehmen der visuelle Eindruck von großer Bedeutung.

## Fortsetzung

- Schulbildung
- Hochschulstudium
- Beruflicher Werdegang (inkl. Berufsausbildung)
- Berufliche Weiterbildung
- Besondere Kenntnisse
- Interessen (wenn in irgendeiner Weise berufsrelevant)

Am Ende des Lebenslaufs stehen Ort und Datum (entweder getippt oder handgeschrieben) sowie die Unterschrift mit Vor- und Zuname. Bei den Zeitangaben reichen üblicherweise Monat und Jahr, z.B. 03/2021–09/2022 oder auch März 2021–September 2022. Die gewählte Form sollte jedoch einheitlich sein.

Darüber hinaus sind folgende Aspekte zu prüfen:

- Passen Alter, Ausbildung, beruflicher und Lebenshintergrund des Bewerbers zu Ihrem Unternehmen und Ihren Vorstellungen sowie den Erwartungen der Belegschaft an den neuen Mitarbeiter?
- Entsprechen die Qualifikationen den Anforderungen?
- Enthält der Lebenslauf Lücken?
- Ist der berufliche Werdegang lückenlos nachvollziehbar?
- Ist eine berufliche Weiterentwicklung erkennbar?
- Ist eine anhaltende Bereitschaft zu Fort- und Weiterbildungen auch nach Ausbildung oder Studium zu erkennen?
- ...

**Arbeitszeugnisse**

Aussagekräftige Arbeitszeugnisse sind für einen erfolgreichen Arbeitsplatzwechsel von großer Bedeutung. Daher dürfen sie in den Bewerbungsunterlagen auf keinen Fall fehlen. Gemäß BGB § 630 hat jeder Arbeitnehmer nach Beendigung des Arbeitsverhältnisses das Recht auf ein Arbeitszeugnis. Hierbei kann der Arbeitnehmer zwischen dem einfachen und dem qualifizierten Arbeitszeugnis wählen.

Das einfache Zeugnis enthält Angaben zur Person, Art der Beschäftigung, Dauer des Beschäftigungsverhältnisses sowie Beendigungsgründe. Aussagen über Leistung und Führung des Mitarbeiters werden im Gegensatz zum qualifizierten Arbeitszeugnis nicht getroffen.

Das qualifizierte Arbeitszeugnis soll bescheinigen, in welcher Qualität der Arbeitnehmer die ihm gestellten Aufgaben bewältigt hat und wie sein Verhalten insgesamt aus Arbeitgebersicht beurteilt wird. Ein qualifiziertes Arbeitszeugnis ist üblicherweise folgendermaßen aufgebaut:

- Überschrift (z.B. Arbeitszeugnis)
- Einleitung (Angaben zu Person, Tätigkeit und Beschäftigungsdauer)
- Tätigkeitsbeschreibung (Tätigkeiten, Verantwortung, berufliche Entwicklung innerhalb des Unternehmens)
- Leistungsbereitschaft (z.B. Arbeitsbereitschaft, Arbeitsbefähigung, Arbeitsweise, Arbeitserfolg, zusammenfassende Zufriedenheitsbeurteilung)
- Verhaltensbeurteilung (gegenüber Vorgesetzten, Kollegen und Dritten, zusammenfassende Verhaltensbeurteilung)
- Abschluss (Gründe für die Beendigung des Arbeitsverhältnisses)
- Dankes-Bedauern-Formel (Dank für die geleistete Arbeit bzw. die Zusammenarbeit, Zukunftswünsche)

Der Arbeitgeber ist rechtlich gehalten, seinem Arbeitnehmer ein wohlwollendes Zeugnis auszustellen. Dies hat zur Folge, dass die verwendeten Formulierungen meist positiv klingen, sich aber eine Art Geheimcode entwickelt hat, der in chiffrierter Form signalisiert, was wirklich gut und was schlecht war. Der verwendete Geheimcode sorgt nicht selten für Verwirrung, denn nicht jeder Personalleiter oder Geschäftsführer kennt die entsprechenden Formulierungen. Es kommt i.d.R. auf die „kleinen", unscheinbaren Worte an. Hier einige Beispiele:

Die Beschreibung von Zufriedenheit im Arbeitszeugnis ohne weitere Zusätze attestiert lediglich ausreichende Leistungen. Im Zusammenhang mit den Formulierungen „zur *vollen* Zufriedenheit" oder besser noch „zur *vollsten* Zufriedenheit", einer sprachlichen Steigerung, werden qualifiziertere Leistungen attestiert. Gute bzw. sehr gute Leistungen bedürfen der Zusätze „stets" oder „jederzeit". Heißt es „erledigte im Großen und Ganzen seine Aufgaben zu unserer Zufriedenheit" oder „wurde den vielseitigen Aufgaben im Wesentlichen gerecht" oder „wurde den Erwartungen im Wesentlichen gerecht", werden damit unzureichende Leistungen attestiert.



4 Merkur-Nr. 1022

## Info 2: Struktur „Umgang mit Bewerbungsunterlagen“

Wichtige Aspekte zum Umgang mit Bewerbungsunterlagen

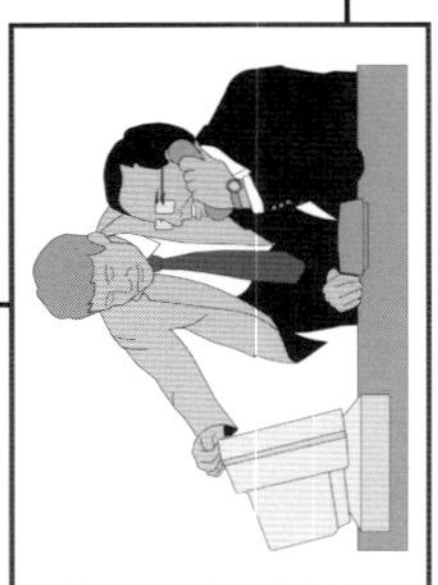

- Anschreiben
- Lebenslauf
- Arbeitszeugnis

## Info 3: Auswertungsformular „Bewerbungen“

| | Bewerber 1<br>Peter Franke | Bewerber 2<br>Jan Dörner | Bewerber 3<br>Petra Geyer | Bewerber 4<br>Bernd Witt |
|---|---|---|---|---|
| Anschreiben | | | | |
| Lebenslauf | | | | |
| Arbeitszeugnis | | | | |
| Vorstellungs-gespräch? | ☐ ja ☐ nein | ☐ ja ☐ nein | ☐ ja ☐ nein | ☐ ja ☐ nein |

**Info 4: Bewerber 1**

Peter Franke

Naumannstr. 50
01309 Dresden
Tel.: 0351 / 8044189
E-Mail: p.franke@gmx.de

BüroTec GmbH
Personalabteilung
Frau Saalfeld
Anglerstr. 34
47444 Moers

Dresden, 15.01.20..

**Ihre Anzeige in der Sächsischen Zeitung vom 14.01.20..**
**Verkaufssachbearbeiter mit Außendiensttätigkeit**

Sehr geehrte Frau Saalfeld,

in der o.a. Anzeige beschreiben Sie einen Arbeitsbereich, der mich in höchstem Maße interessiert.

Meine Erfahrungen aus meiner Berufspraxis decken sich mit Ihren fachlichen Anforderungen. Ebenso können Sie von mir gute Fähigkeiten im Umgang mit Mitarbeitern sowie Kunden erwarten. Diese Kompetenzen habe ich durch meine mehrjährige Tätigkeit als Verkäufer im Außendienst erworben.

Aufgrund meiner beruflichen Aktivitäten in unterschiedlichen Branchen bin ich kommunikationsstark, verantwortungsbewusst und habe große Freude an abwechslungsreichen Tätigkeiten. Umfangreiche kaufmännische Kenntnisse gehören ebenso zu meinem Profil wie umfangreiches Wissen über Verkaufsstrategien und Verkaufspsychologie.

Ich freue mich, Ihnen in einem weiteren, persönlichen Gespräch einen noch umfassenderen Eindruck von mir zu vermitteln, und verbleibe in Erwartung Ihres Terminvorschlages.

Mit freundlichen Grüßen

*Peter Franke*

Anlagen
Lebenslauf
Arbeitszeugnis

**Fortsetzung**

**Lebenslauf**

**zu meiner Person**

Peter Franke
geboren am 08.02.1989 in Chemnitz
verheiratet/ein Kind

**angestrebte Position**

Verkaufssachbearbeiter
mit Außendiensttätigkeit

**beruflicher Werdegang**

| | |
|---|---|
| 11/2016 – heute | Fleischer Büromöbel OHG in Leipzig<br>Verkäufer im Außendienst |
| 08/2010 – 10/2016 | Tewes Büroartikel KG in Chemnitz<br>Verkaufssachbearbeiter |

**schulische und berufliche Ausbildung**

| | |
|---|---|
| 08/2007 – 07/2010 | Borgmann Chemie AG in Chemnitz<br>Ausbildung zum Industriekaufmann |
| 08/1998 – 07/2007 | Franz Borbig Gymnasium Chemnitz<br>Abschluss: Allgemeine Hochschulreife |

**Weiterbildung**

| | |
|---|---|
| 08/2017 | WBS Training AG<br>Kaufvertrag und Kaufvertragsstörungen |
| 06/2016 | VA-Akademie<br>Überzeugend vor Kunden präsentieren |
| 02/2015 | VA-Akademie<br>Erfolgreich akquirieren |
| 09/2014 | KB Qualifizierungszentrum<br>Verkaufsgespräche führen |

**Sonstiges**

| | |
|---|---|
| Führerschein | Klasse B (Pkw) |
| Sprachen | Englisch in Wort und Schrift |
| EDV | SAP-Auftragsbearbeitung, Windows,<br>MS PowerPoint, MS Word und MS Excel |
| Interessen | Laufsport, Krafttraining und Mountainbike |

Dresden, 15.01.20..

*Peter Franke*

Fortsetzung

**Tewes Büroartikel KG**
**Chemnitz**

**Zeugnis**

Herr Peter Franke, geb. am 08.02.1989 in Chemnitz, trat am 01.08.2010 als Verkaufssachbearbeiter in unser Unternehmen ein.

Aufgrund seiner guten Auffassungsgabe konnte die Einarbeitung in seinen Aufgabenbereich als Verkaufssachbearbeiter schnell und problemlos erfolgen. Schon sehr bald arbeitete er vollkommen selbstständig.

Zu den wesentlichen Tätigkeiten in seinem Arbeitsbereich gehörten der telefonische Verkauf und die Kontaktpflege zu unserer Kundschaft, die selbstständige Bearbeitung der eingehenden Interessentenanfragen, das Erstellen von Angeboten, die Auftragsannahme und -bearbeitung.

Herr Franke verfügt über gute Fachkenntnisse, die er in seiner täglich anfallenden Arbeit sicher und effizient einsetzt. Stets erledigte er alle ihm übertragenen Aufgaben zu unserer vollsten Zufriedenheit.

Besonders zu betonen ist seine hohe Einsatzbereitschaft sowie seine Loyalität gegenüber unserem Unternehmen. Durch seine freundliche, kooperative Wesensart war er bei seinen Vorgesetzten und Kollegen stets gleichermaßen beliebt wie auch geschätzt. Auch gegenüber unseren Kunden war sein Verhalten jederzeit vorbildlich.

Herr Franke ist zum 31.10.2016 auf eigenen Wunsch aus unserem Unternehmen ausgeschieden, um sich einer neuen Herausforderung zu stellen. Wir respektieren seine Entscheidung, danken für die geleistete Arbeit und wünschen ihm für seine berufliche wie auch private Zukunft alles Gute und viel Erfolg.

Chemnitz, 31.10.2016

Tewes Büroartikel KG

*P. Meier* *K. Müller*

Paul Meier
Personalleiter

Kai Müller
Abteilungsleiter

Fortsetzung

**BüroTec GmbH**
Moers

**Anmerkung zu Bewerber 1:** ..............................

..............................

..............................

..............................

..............................

..............................

..............................

..............................

..............................

..............................

..............................

..............................

..............................

..............................

..............................

**Geschäftsführer**
Moritz Schmidt
Michael Schneider
Petra Peters
**Sitz der Gesellschaft:**
Moers

**Handelsregister:**
Amtsgericht Moers
HRB 4415

**Kommunikation:**
Telefon: 02841 283-0
Telefax: 02841 283-1
E-Mail: info@buerotec.de

**Bankverbindungen:**
Sparkasse am Niederrhein
IBAN: DE41 3545 0000 0369 9908 94
BIC: WELADED1MOR
Postbank Essen
IBAN: DE79 3601 0043 0734 8993 29
BIC: PBNKDEFF360

**Finanzamt Moers**
Steuernummer:
12287679943
Ust-Id-Nummer:
DE 811127386

**Info 5: Bewerber 2**

Jan Dörner
Bleibtreustraße 80
10623 Berlin
E-Mail: jan.doerner@gmx.de

BüroTec GmbH
Personalabteilung
Frau Saalfeld
Anglerstr. 34
47444 Moers

Berlin, 15.01.20..

**Ihre Stellenanzeige**

Sehr geehrte Damen und Herren,

hiermit möchte ich mich auf Ihre Stellenanzeige bewerben, da mich die ausgeschriebene Position sehr reizt und ich nach Dresden übersiedeln möchte, da meine Frau beruflich dorthin versetzt wurde.

Seit Jahren bin ich in ungekündigter Stellung als Verkaufssachbearbeiter bei einem Büromöbelunternehmen in Magdeburg tätig. Die Tätigkeit schließt sowohl Kundenakquise als auch Kundenbetreuung vor Ort ein. Auch die anderen von Ihnen genannten Anforderungen decke ich durch meine bisherige Berufserfahrung ab.

Besonders gefällt mir die Möglichkeit beruflich zu verreisen, da ich mich auch privat sehr fürs Reisen interessiere. Auch die Möglichkeit an Trainingsmaßnahmen teilzunehmen würde mir sehr gefallen, da man sich meiner Meinung nach ein Leben lang fortbilden sollte.

Wir sollten also miteinander ins Gespräch kommen. Dann kann ich Ihnen gerne weitere Informationen über meine Person geben. Ich stehe Ihnen für einen Vorstellungstermin jederzeit zur Verfügung.

Mit freundlichen Grüßen

*Jan Dörner*

Anlagen
Lebenslauf
Arbeitszeugnis

**Fortsetzung**

## Lebenslauf

**Persönliche Daten**

| | |
|---|---|
| Name: | Jan Dörner |
| Anschrift: | Bleibtreustraße 80<br>10623 Berlin<br>E-Mail: jan.doerner@gmx.de |
| Geburtsdatum: | 10.03.1982 |
| Familienstand: | verheiratet/ein Kind |

**Schulbildung**

| | |
|---|---|
| 08/1992 – 07/1998 | Kolping Realschule Berlin<br>Abschluss: Fachoberschulreife |
| 08/1998 – 07/2000 | Höhere Handelsschule Berlin<br>Abschluss: Fachhochschulreife (schulischer Teil) |
| 08/2000 – 07/2003 | Krause KG in Berlin<br>Ausbildung zum Bürokaufmann |

**Beruflicher Werdegang**

| | |
|---|---|
| 08/2003 – 04/2016 | Velbinger Mineralstoffe GmbH in Berlin<br>Sachbearbeiter Verkauf |
| 06/2017 – heute | Langhans Büromöbel in Magdeburg<br>Sachbearbeiter Verkauf |

**Weiterbildung**

| | |
|---|---|
| 09/2012 – 12/2012 | Personal-Training Frentzen KG<br>Grundkurse in Windows, MS Word und MS Excel |
| 09/2013 | Nowak Trainingszentrum OHG<br>Verkäufertraining |

**Sonstiges**

| | |
|---|---|
| Sprachen | Englich |
| EDV | SAP-Auftragsbearbeitung, Windows, MS Word und MS Excel |
| Führerschein | Klasse C (LKW) |
| Interessen | Sport, Lesen |

Berlin, 15.01.20..

*Jan Dörner*

Fortsetzung

## Velbinger Mineralstoffe GmbH – Berlin

### Zeugnis

Herr Jan Dörner, geb. am 10.03.1982 in Berlin, war vom 01.08.2003 bis zum 30.04.2016 in unserer Abteilung Verkauf als Verkaufssachbearbeiter tätig. Zu seinen Aufgaben gehörte sowohl die Auftragsanbahnung als auch die Auftragsbearbeitung.

Herr Dörner war ein motivierter Mitarbeiter, der die ihm gesetzten Ziele verfolgte. Er besitzt ein solides Grundwissen in den von ihm bearbeiteten Aufgabengebieten. Herr Dörner erledigte seine Aufgaben termingerecht, korrekt und zufriedenstellend. Die Arbeitsqualität entsprach im Allgemeinen den Anforderungen/Erwartungen, wobei er stets mit Nachdruck daran arbeitet, die vorgegebenen Ziele zu erreichen.

Herr Dörner war lernmotiviert und hat sich neben seinem Beruf weitergebildet.

Die Leistungen von Herrn Dörner entsprachen unseren Erwartungen.

Sein Verhalten gegenüber Kollegen, Vorgesetzten und Kunden war gut. Wir lernten Herrn Dörner als einen meinungs- und diskussionsfreudigen Mitarbeiter kennen, der Kritik üben, aber meist auch akzeptieren konnte.

Berlin, 30.04.2016

Velbinger Mineralstoffe GmbH

*K. Gerber* *O. Manfeld*

| | |
|---|---|
| K. Gerber<br>Personalleiter | O. Manfeld<br>Abteilungsleiter |

Fortsetzung

**BüroTec GmbH**
Moers

**Anmerkung zu Bewerber 2:** ..........................................................

..........................................................

..........................................................

..........................................................

..........................................................

..........................................................

..........................................................

..........................................................

..........................................................

..........................................................

..........................................................

..........................................................

..........................................................

..........................................................

..........................................................

| **Geschäftsführer** | **Handelsregister:** | **Kommunikation:** | **Bankverbindungen:** | **Finanzamt Moers** |
|---|---|---|---|---|
| Moritz Schmidt<br>Michael Schneider<br>Petra Peters<br>**Sitz der Gesellschaft:**<br>Moers | Amtsgericht Moers<br>HRB 4415 | Telefon: 02841 283-0<br>Telefax: 02841 283-1<br>E-Mail: info@buerotec.de | Sparkasse am Niederrhein<br>IBAN: DE41 3545 0000 0369 9908 94<br>BIC: WELADED1MOR<br>Postbank Essen<br>IBAN: DE79 3601 0043 0734 8993 29<br>BIC: PBNKDEFF360 | Steuernummer:<br>12287679943<br>Ust-Id-Nummer:<br>DE 811127386 |

**Info 6: Bewerber 3**

Petra Geyer
Limbacherstr. 120
09116 Chemnitz
Tel.: 0371 / 53 67 88
E-Mail: petra.geyer@web.de

BüroTec GmbH
Personalabteilung
Frau Saalfeld
Anglerstr. 34
47444 Moers

Chemnitz, 15.01.20..

**Meine Bewerbung als Ihre Verkaufssachbearbeiterin mit Außendiensttätigkeit**
**Ihre Anzeige in der Sächsischen Zeitung vom 14.01.20..**

Sehr geehrte Frau Saalfeld,

mit großem Interesse habe ich Ihre Anzeige gelesen und möchte mich Ihnen als motivierte Mitarbeiterin vorstellen. Sie beschreiben in Ihrer Anzeige eine Herausforderung, die mich sehr interessiert.

Seit Jahren bin ich als Verkäuferin im Außendienst in einem großen Unternehmen der Büroartikelbranche tätig. Dabei konnte ich Verhandlungsgeschick und Überzeugungskraft unter Beweis stellen. Hohe Flexibilität und Einsatzbereitschaft runden mein Profil ab.

Es würde mich freuen, wenn Sie mich nach Prüfung meiner Bewerbungsunterlagen zu einem Vorstellungsgespräch einladen.

Mit freundlichen Grüßen

*Petra Geyer*

Anlagen
Lebenslauf
Arbeitszeugnis

**Fortsetzung**

## Lebenslauf

**Persönliche Daten**

Petra Geyer
geboren am 08.02.1986 in Berlin
ledig/keine Kinder

**Angestrebte Position**

Verkaufssachbearbeiterin
mit Außendiensttätigkeit

**Beruflicher Hintergrund**

| | |
|---|---|
| 01/2015 – heute | Gerlinger Präsentationstechnik OHG in Berlin<br>Verkäuferin im Außendienst |
| 08/2008 – 01/2015 | Heinemann Büroartikel KG in Dresden<br>Verkäuferin im Außendienst |

**Schul- und Berufsausbildung**

| | |
|---|---|
| 08/2005 – 07/2008 | Gerlinger Präsentationstechnik AG<br>Ausbildung zur Bürokauffrau<br>Abschluss: Bürokauffrau |
| 08/1996 – 07/2005 | Gymnasium Konrad Adenauer Berlin<br>Abschluss: Allgemeine Hochschulreife |

**Weiterbildung**

| | |
|---|---|
| 03/2018 | Instatik OHG<br>Systematische Neukundengewinnung |
| 06/2016 | Instatik OHG<br>Das erfolgreiche Verkaufsgespräch |
| 04/2015 | Instatik OHG<br>Die erfolgreiche Preisverhandlung |
| 01/2014 | Weiterbildungsinstitut Daum KG<br>Mit Reklamationen umgehen |

**Sonstiges**

| | |
|---|---|
| Führerschein | Klasse B (Pkw) |
| Sprachen | Englisch, Französisch |
| EDV | Windows, MS Word,<br>MS Excel, MS PowerPoint,<br>SAP-Auftragsbearbeitung |
| Interessen | Digitale Fotografie, Laufsport |

Chemnitz, 15.01.20..

*Petra Geyer*

Fortsetzung

## Heinemann Büroartikel KG
## Dresden

### Arbeitszeugnis

Frau Petra Geyer, geb. am 08.02.1986 in Berlin, war vom 01.08.2008 bis zum 31.01.2015 als Verkäuferin in unserem Unternehmen tätig.

Frau Geyer war für unser Verkaufsgebiet Süd-Ost eigenverantwortlich zuständig. Dabei hat sie mit hohem Einsatz die Betreuung unserer Stammkunden gepflegt und sich besonders bei der Akquisition von Neukunden profiliert. Es ist ihr mehrfach gelungen, uns bei Großunternehmen als Hauptlieferant zu etablieren.

Wegen ihrer fachlich ausgezeichneten Kenntnisse, verbunden mit einer positiven Einstellung zu unserem Unternehmen, schätzen wir Frau Geyer als wertvolle Mitarbeiterin. Sie war stets engagiert und aufgeschlossen und führte ihre Tätigkeiten immer mit vollem Einsatz erfolgreich aus. Ihre Arbeitsqualität war jederzeit weit überdurchschnittlich. Durch mehrere Weiterbildungen hat sie die Zahl unserer Kunden beträchtlich erhöhen können.

Frau Geyer erfüllte ihre Aufgaben stets zu unserer vollsten Zufriedenheit.

Aufgrund ihrer kooperativen Haltung war Frau Geyer immer bei Vorgesetzten und Kollegen anerkannt und beliebt. Ihr Auftreten gegenüber Kunden war jederzeit makellos und sie war als kompetente und freundliche Gesprächspartnerin anerkannt.

Frau Geyer verlässt unser Unternehmen auf eigenen Wunsch. Wir bedauern dies sehr und wünschen ihr beruflich und persönlich alles Gute und weiterhin viel Erfolg.

Dresden, 31.01.2015

Heinemann Büroartikel KG

R. Schmidt — A. Bauer

R. Schmidt
Personalleiter

A. Bauer
Abteilungsleiter

Fortsetzung

**BüroTec GmbH**
Moers

**Anmerkung zu Bewerber 3:** ....................

....................

....................

....................

....................

....................

....................

....................

....................

....................

....................

....................

....................

....................

....................

**Geschäftsführer**
Moritz Schmidt
Michael Schneider
Petra Peters
**Sitz der Gesellschaft:**
Moers

**Handelsregister:**
Amtsgericht Moers
HRB 4415

**Kommunikation:**
Telefon: 02841 283-0
Telefax: 02841 283-1
E-Mail: info@buerotec.de

**Bankverbindungen:**
Sparkasse am Niederrhein
IBAN: DE41 3545 0000 0369 9908 94
BIC: WELADED1MOR
Postbank Essen
IBAN: DE79 3601 0043 0734 8993 29
BIC: PBNKDEFF360

**Finanzamt Moers**
Steuernummer:
12287679943
Ust-Id-Nummer:
DE 811127386


5 Merkur-Nr. 1022

**Info 7: Bewerber 4**

Bernd Witt
Lennestr. 89
01069 Dresden
Tel.: 0351 / 8044189
E-Mail: bernd.witt@t-online.de

BüroTec GmbH
Personalabteilung
Frau Saalfeld
Anglerstr. 34
47444 Moers

**Ihre Anzeige im Dresdener Boten vom 14.01.20..**

Sehr geehrte Damen und Herren,

hiermit beziehe ich mich auf die o.g. Stellenanzeige und übersende Ihnen meine Bewerbungsunterlagen. Ich glaube, dass ich Ihr Unternehmen mit meiner Person bereichern werde, und möchte gerne für Sie arbeiten.

Ich denke an eine Position mit beruflicher Verantwortung, in der ich meine Kenntnisse voll nutzen und weitere Erfahrungen sammeln kann.

Ich bin ausgebildeter Industriekaufmann und habe mich im Verkaufsbereich weitergebildet. Langjährige Erfahrungen in selbstständiger Sachbearbeitung in der Möbelbranche ergänzen mein Profil. Sollten meine Kenntnisse in dem einen oder anderen Bereich nicht ausreichend sein, bin ich auch gern bereit, mich jederzeit weiterzubilden.

Ich würde mich freuen, wenn ich mit dieser Bewerbung Ihr Interesse geweckt habe und Sie mich zu einem persönlichen Gespräch einladen würden.

Mit freundlichen Grüßen

*Bernd Witt*

Anlagen
Lebenslauf
Arbeitszeugnis

**Fortsetzung**

## Lebenslauf

Bernd Witt
geboren am 08.02.1981 in Berlin
Lennestr. 89
01069 Dresden
Tel.: 0351 / 8044189
E-Mail: bernd.witt@t-online.de
verheiratet/ein Kind

**Schulbildung**

| | |
|---|---|
| 08/1997 – 07/1999 | Höhere Handelsschule Berlin<br>Abschluss: Fachhochschulreife |
| 08/1999 – 07/2002 | Meininger OHG in Berlin<br>Ausbildung zum Industriekaufmann |

**Beruflicher Werdegang**

| | |
|---|---|
| 08/2002 – 07/2010 | Meininger OHG<br>Berlin<br>Sachbearbeiter Verkauf |
| 08/2010 – 09/2017 | Frohwein Bürosysteme KG<br>Berlin<br>Verkäufer im Außendienst |
| 11/2018 – heute | Westermann AG<br>Magdeburg<br>Verkäufer im Außendienst |

**Weiterbildung**

| | |
|---|---|
| 08/2013 – 10/2013 | Broich GmbH<br>Rhetorik |
| 07/2017 | Kompetenzzentrum Keller KG<br>Erfolg im Verkauf |

**Sonstiges**

| | |
|---|---|
| Sprachen | Französisch, Spanisch |
| EDV | MS Office, SAP-Modul: Auftragsbearbeitung |
| Interessen | Reisen |

Dresden, 15.01.20..

*Bernd Witt*

**Fortsetzung**

## Frohwein Bürosysteme KG – Berlin

**Zeugnis**

Herr Bernd Witt, geboren am 08.02.1981 in Berlin, wurde am 01.08.2010 als Verkäufer im Außendienst in unserem Unternehmen eingestellt.

Nach Einarbeitung übernahm Herr Witt das Verkaufsgebiet Dresden/Leipzig zur umsatzverantwortlichen Bearbeitung.

Sein Aufgabengebiet umfasste sowohl die Akquisition von Neukunden als auch die Betreuung des bestehenden Kundenstamms. Hierbei war er auch mit der Abwicklung von Reklamationen betraut. Herr Witt erfüllte seine Aufgaben erwartungsentsprechend. Hierbei wurde er den fachlichen Anforderungen gerecht. Er zeigte keinerlei Unsicherheiten bei der Ausführung seiner Arbeitsaufgaben. Seine Arbeitsqualität war im Großen und Ganzen zufriedenstellend. Er war stets daran interessiert, seine ausbaufähigen Fachkenntnisse in den Dienst des Unternehmens zu stellen. Er hat die ihm übertragenen Arbeiten zu unserer Zufriedenheit erledigt.

Seine Zusammenarbeit mit Vorgesetzten und Kollegen war gut. Auch seine Zusammenarbeit mit Kunden war jederzeit ohne Beanstandung.

Herr Witt verlässt unser Unternehmen am heutigen Tag, um sich beruflich zu verändern. Für die von ihm erbrachten Leistungen bedanken wir uns. Wir wünschen Herrn Witt viel Glück.

Dresden, 30.09.2017

Frohwein Bürosysteme KG

*G. Ziegler* *S. Opalla*

G. Ziegler
Personalleiter

S. Opalla
Abteilungsleiter

**Fortsetzung**

**BüroTec GmbH**
Moers

**Anmerkung zu Bewerber 4:** ..............................

..............................

..............................

..............................

..............................

..............................

..............................

..............................

..............................

..............................

..............................

..............................

..............................

..............................

..............................

| Geschäftsführer | Handelsregister: | Kommunikation: | Bankverbindungen: | Finanzamt Moers |
|---|---|---|---|---|
| Moritz Schmidt<br>Michael Schneider<br>Petra Peters<br>**Sitz der Gesellschaft:**<br>Moers | Amtsgericht Moers<br>HRB 4415 | Telefon: 02841 283-0<br>Telefax: 02841 283-1<br>E-Mail: info@buerotec.de | Sparkasse am Niederrhein<br>IBAN: DE41 3545 0000 0369 9908 94<br>BIC: WELADED1MOR<br>Postbank Essen<br>IBAN: DE79 3601 0043 0734 8993 29<br>BIC: PBNKDEFF360 | Steuernummer:<br>12287679943<br>Ust-Id-Nummer:<br>DE 811127386 |

| Lernsituation 06 | Personal auswählen II (Vorstellungsgespräche durchführen) | Personal-prozesse |
|---|---|---|

## Lernsituation:

Frau Saalfeld, Personalleiterin der BüroTec GmbH, stimmt dem Vorschlag ihrer Mitarbeiter zu, zwei der vier Bewerber für die beiden Stellen „Verkaufssachbearbeiter mit Außendiensttätigkeit" in Dresden zu einem Vorstellungsgespräch nach Moers einzuladen. In diesem Zusammenhang telefoniert sie mit Herrn Gräff, dem Leiter der Abteilung Auftragsbearbeitung.

**Frau Saalfeld:** Guten Morgen, Herr Gräff. Es geht um die Stellen im neuen Verkaufsbüro in Dresden. Zwei Bewerber machen einen sehr guten Eindruck. Wir haben daher beschlossen, die beiden Kandidaten zu einem Vorstellungsgespräch einzuladen, an dem Sie als deren zukünftiger Vorgesetzter natürlich auch teilnehmen sollten. Wäre Ihnen Montag, der 25. Februar gegen 15:00 Uhr recht?

**Herr Gräff:** Das sind gute Nachrichten, Frau Saalfeld. In den neuen Bundesländern sind wir bislang wahrlich nicht gut vertreten. Und was den Termin angeht, der passt mir sehr gut.

**Frau Saalfeld:** Schön, Herr Gräff, dann werde ich alles Nötige in die Wege leiten.

## Arbeitsaufträge:

1. Erklären Sie, was Frau Saalfeld im Vorfeld erledigen muss, damit am 25.02.20.. um 15:00 Uhr die Vorstellungsgespräche durchgeführt werden können.
2. Bilden Sie sechs Arbeitsgruppen und setzen Sie sich als Gruppe mit der Rolle eines Gesprächsteilnehmers auseinander (Info 1-4).

| Vorstellungsgespräch 1 | | | | Vorstellungsgespräch 2 | | |
|---|---|---|---|---|---|---|
| BüroTec GmbH Frau Saalfeld | BüroTec GmbH Herr Gräff | Bewerber 1 Herr Franke | danach | BüroTec GmbH Frau Saalfeld | BüroTec GmbH Herr Gräff | Bewerber 2 Frau Geyer |
| **Gruppe 1** | **Gruppe 2** | **Gruppe 3** | | **Gruppe 4** | **Gruppe 5** | **Gruppe 6** |

**Arbeitshinweise Gruppe 1, 2, 4 und 5 (Vertreter der BüroTec GmbH)**

Bereiten Sie sich auf das Vorstellungsgespräch vor, indem Sie insbesondere folgende Aspekte berücksichtigen:

- Planen Sie den Ablauf des Vorstellungsgesprächs (Schritt 1, Schritt 2 etc.).
  Kleiner Tipp: In der Regel fällt man nicht mit der Tür ins Haus!
- Überlegen Sie sich Fragen, die Sie dem Bewerber stellen wollen.
- Denken Sie auch darüber nach, welche Fragen Ihnen gestellt werden könnten.
- Wählen Sie einen Gruppensprecher, der das Vorstellungsgespräch bestreitet.
- Die übrigen Gruppenmitglieder haben die Aufgabe, die beiden Vorstellungsgespräche mithilfe der zur Verfügung stehenden Auswertungsbogen aufmerksam zu beobachten (Info 5).

**Arbeitshinweise Gruppe 3 und 6 (Bewerber)**

Bereiten Sie sich auf das Vorstellungsgespräch vor, indem Sie insbesondere folgende Aspekte berücksichtigen:

- Überlegen Sie sich Fragen, die Ihnen seitens der Vertreter der BüroTec GmbH gestellt werden könnten.
- Denken Sie auch darüber nach, welche Fragen Sie stellen möchten.
- Wählen Sie einen Gruppensprecher, der das Vorstellungsgespräch bestreitet.
- Die übrigen Gruppenmitglieder haben die Aufgabe, die beiden Vorstellungsgespräche mithilfe der zur Verfügung stehenden Auswertungsbogen aufmerksam zu beobachten (Info 5).

## Info 1: Rollenkarte – Vertreterin der BüroTec GmbH

### Rollenkarte Gruppe 1 & 4

Name: Frau Saalfeld
Personalleiterin der BüroTec GmbH

Information 1:

- Frau Saalfeld sieht eine ihrer wesentlichen Aufgaben darin, die BüroTec GmbH mit qualifizierten Mitarbeitern zu versorgen. Die neuen Mitarbeiter müssen zum Unternehmen passen (bei der BüroTec GmbH wird ein kooperativer Führungsstil gepflegt; das Betriebsklima hat bei der Geschäftsführung einen hohen Stellenwert).

Information 2 (Bewerber Peter Franke):

- Beruflicher Werdegang:

| | |
|---|---|
| 11/2016 – heute | Fleischer Büromöbel OHG in Leipzig<br>Verkäufer im Außendienst |
| 08/2010 – 10/2016 | Tewes Büroartikel KG in Chemnitz<br>Verkaufssachbearbeiter |

- Weiterbildung

| | |
|---|---|
| 08/2017 | WBS Training AG „Kaufvertrag & Kaufvertragsstörungen" |
| 06/2016 | VA-Akademie „Überzeugend vor Kunden präsentieren" |
| 02/2015 | VA-Akademie „Erfolgreich akquirieren" |
| 09/2014 | KB Qualifizierungszentrum „Verkaufsgespräche führen" |

- Sonstiges

  Englisch in Wort und Schrift, SAP-Auftragsbearbeitung, Windows, MS PowerPoint, MS Word und MS Excel, Laufsport, Krafttraining und Mountainbike

Information 3 (Bewerberin Petra Geyer):

- Beruflicher Werdegang:

| | |
|---|---|
| 01/2015 – heute | Gerlinger Präsentationstechnik OHG in Berlin<br>Verkäuferin im Außendienst |
| 08/2008 – 01/2015 | Heinemann Büroartikel KG in Dresden<br>Verkäuferin im Außendienst |

- Weiterbildung

| | |
|---|---|
| 03/2018 | Instatik OHG „Systematische Neukundengewinnung" |
| 06/2016 | Instatik OHG „Das erfolgreiche Verkaufsgespräch" |
| 04/2015 | Instatik OHG „Die erfolgreiche Preisverhandlung" |
| 01/2014 | Weiterbildungsinstitut Daum KG „Mit Reklamationen umgehen" |

- Sonstiges

  Englisch, Französisch, Windows, MS Word, MS Excel, MS PowerPoint, SAP-Auftragsbearbeitung, digitale Fotografie und Laufsport

### Stichworte für die Argumentation

## Info 2: Rollenkarte – Vertreter der BüroTec GmbH

### Rollenkarte Gruppe 2 & 5

Name: Herr Gräff
Leiter der Auftragsbearbeitung bei der BüroTec GmbH

Information 1:

- Herr Gräff legt großen Wert auf qualifizierte Mitarbeiter, da diese letztlich das Ansehen seiner Abteilung im Hause BüroTec erhöhen. Die neuen Mitarbeiter sollen selbstständig den ostdeutschen Markt bearbeiten und mit hohem Engagement ihre Tätigkeit ausüben.

Information 2 (Bewerber Peter Franke):

- Beruflicher Werdegang:

| | |
|---|---|
| 11/2016 – heute | Fleischer Büromöbel OHG in Leipzig<br>Verkäufer im Außendienst |
| 08/2010 – 10/2016 | Tewes Büroartikel KG in Chemnitz<br>Verkaufssachbearbeiter |

- Weiterbildung

| | |
|---|---|
| 08/2017 | WBS Training AG „Kaufvertrag & Kaufvertragsstörungen“ |
| 06/2016 | VA-Akademie „Überzeugend vor Kunden präsentieren“ |
| 02/2015 | VA-Akademie „Erfolgreich akquirieren“ |
| 09/2014 | KB Qualifizierungszentrum „Verkaufsgespräche führen“ |

- Sonstiges

  Englisch in Wort und Schrift, SAP-Auftragsbearbeitung, Windows, MS PowerPoint, MS Word und MS Excel, Laufsport, Krafttraining und Mountainbike

Information 3 (Bewerberin Petra Geyer):

- Beruflicher Werdegang:

| | |
|---|---|
| 01/2015 – heute | Gerlinger Präsentationstechnik OHG in Berlin<br>Verkäuferin im Außendienst |
| 08/2008 – 01/2015 | Heinemann Büroartikel KG in Dresden<br>Verkäuferin im Außendienst |

- Weiterbildung

| | |
|---|---|
| 03/2018 | Instatik OHG „Systematische Neukundengewinnung“ |
| 06/2016 | Instatik OHG „Das erfolgreiche Verkaufsgespräch“ |
| 04/2015 | Instatik OHG „Die erfolgreiche Preisverhandlung“ |
| 01/2014 | Weiterbildungsinstitut Daum KG „Mit Reklamationen umgehen“ |

- Sonstiges

  Englisch, Französisch, Windows, MS Word, MS Excel, MS PowerPoint, SAP-Auftragsbearbeitung, digitale Fotografie und Laufsport

## Stichworte für die Argumentation

## Info 3: Rollenkarte – Bewerber 1

Rollenkarte Gruppe 3

Name: Peter Franke
Bewerber 1

Informationen

- Beruflicher Werdegang:

| | |
|---|---|
| 11/2016 – heute | Fleischer Büromöbel OHG in Leipzig<br>Verkäufer im Außendienst |
| 08/2010 – 10/2016 | Tewes Büroartikel KG in Chemnitz<br>Verkaufssachbearbeiter |

- Weiterbildung

| | |
|---|---|
| 08/2017 | WBS Training AG „Kaufvertrag & Kaufvertragsstörungen" |
| 06/2016 | VA-Akademie „Überzeugend vor Kunden präsentieren" |
| 02/2015 | VA-Akademie „Erfolgreich akquirieren" |
| 09/2014 | KB Qualifizierungszentrum „Verkaufsgespräche führen" |

- Sonstiges

Englisch in Wort und Schrift, SAP-Auftragsbearbeitung, Windows, MS PowerPoint, MS Word und MS Excel, Laufsport, Krafttraining und Mountainbike

**Stichworte für die Argumentation**

## Info 4: Rollenkarte – Bewerber 2

### Rollenkarte Gruppe 6

Name: Petra Geyer
Bewerberin 2

Informationen

- Beruflicher Werdegang:

| | |
|---|---|
| 01/2015 – heute | Gerlinger Präsentationstechnik OHG in Berlin<br>Verkäuferin im Außendienst |
| 08/2008 – 01/2015 | Heinemann Büroartikel KG in Dresden<br>Verkäuferin im Außendienst |

- Weiterbildung

| | |
|---|---|
| 03/2018 | Instatik OHG „Systematische Neukundengewinnung“ |
| 06/2016 | Instatik OHG „Das erfolgreiche Verkaufsgespräch“ |
| 04/2015 | Instatik OHG „Die erfolgreiche Preisverhandlung“ |
| 01/2014 | Weiterbildungsinstitut Daum KG „Mit Reklamationen umgehen“ |

- Sonstiges

  Englisch, Französisch, Windows, MS Word, MS Excel, MS PowerPoint, SAP-Auftragsbearbeitung, digitale Fotografie und Laufsport

**Stichworte für die Argumentation**

**Info 5: Auswertungsbogen**

# Auswertungsbogen

**Vorstellungsgespräch 1** BüroTec GmbH / Bewerber 1

| Was hat Ihnen gut gefallen? | Was könnte man besser machen? |
| --- | --- |
| | |

**Vorstellungsgespräch 2** BüroTec GmbH / Bewerber 2

| Was hat Ihnen gut gefallen? | Was könnte man besser machen? |
| --- | --- |
| | |



6 Merkur-Nr. 1022

| Lernsituation 07  | **Personal einstellen** | **Personal-prozesse** |
|---|---|---|

## Lernsituation:

Frau Saalfeld, Personalleiterin der BüroTec GmbH, und Herr Gräff, Abteilungsleiter der Auftragsbearbeitung, haben sich nach der Auswertung der Vorstellungsgespräche dazu entschieden, Frau Geyer eine der beiden Stellen als Verkaufssachbearbeiterin mit Außendiensttätigkeit in Dresden anzubieten. Da der Betriebsrat keine Einwände gegen die Einstellung erhoben und Frau Geyer auch die ärztliche Einstellungsuntersuchung erfolgreich überstanden hat, beauftragt Frau Saalfeld einen ihrer Mitarbeiter, Herrn Balzer, damit, den Arbeitsvertrag für Frau Geyer aufzusetzen. Herr Balzer, noch nicht lange in der Personalabteilung tätig, lässt sich zwar nichts anmerken, fühlt sich jedoch reichlich überfordert. Mit Arbeitsverträgen musste er sich bislang nicht auseinandersetzen.

## Arbeitsaufträge:

1. Setzen Sie mithilfe der zur Verfügung stehenden Informationen (Info 2 und 3) den Arbeitsvertrag für Frau Geyer auf. Hinweis: Im nachfolgenden Formular „Arbeitsvertrag" (Info 1) wurden bewusst die Paragrafenüberschriften weggelassen. Überlegen Sie sich geeignete Überschriften und tragen Sie sie in die dafür vorgesehenen Lücken ein.
2. Beschreiben Sie, welche Aufgaben Herr Balzer im Rahmen der Personaleinstellung erledigen muss, nachdem er den Arbeitsvertrag aufgesetzt hat und begründen Sie diese.

| Aufgaben | Begründungen |
|---|---|
| | |
| | |
| | |
| | |
| | |
| | |

3. Der Arbeitsvertrag und eine Kopie des Sozialversicherungsausweises werden in der Personalakte des Mitarbeiters abgelegt. Nennen Sie weitere Papiere, die bei Einstellung in der Personalakte abgelegt bzw. im Laufe der Zeit hinzugefügt werden.
4. Erstellen Sie ein Ablaufschema (Info 4), das den Prozess von der Personalplanung bis zur Personaleinstellung umfasst.
5. Vervollständigen Sie den Lückentext auf der folgenden Seite.

## Der unbefristete und befristete Arbeitsvertrag

Dienstvertrag

Der Arbeitsvertrag ist im juristischen Sinne eine Sonderform des (1) ~~Hachw~~ ________. Ein unbefristeter Individualarbeitsvertrag kann grundsätzlich schriftlich oder mündlich abgeschlossen werden. Allerdings ist der Arbeitgeber gemäß (2) Nachweis gesetz (NachwG) verpflichtet, die wesentlichen (3) Vertragsbestandteile spätestens einen (4) Monat nach dem vereinbarten Beginn des Arbeitsverhältnisses (5) schriftlich niederzulegen, die Niederschrift zu (6) unterzeichnen und dem Arbeitnehmer (7) auszuhändigen. Im Arbeitsvertrag dürfen keine Vereinbarungen getroffen werden, die die im (8) Tarifvertrag und in der (9) Betriebsvereinbarung festgelegten Regelungen unterlaufen. Eine Besserstellung ist aber (10) zulässig. Tarifverträge werden zwischen (11) Gewerkschaften und Arbeitgeberverbänden geschlossen, Betriebsvereinbarungen zwischen dem Arbeitgeber und dem (12) Betriebsrat.

Arbeitgeber und Arbeitnehmer können auch (13) befristete Arbeitsverträge abschließen. Befristete Arbeitsverträge müssen (14) schriftlich abgeschlossen werden. Liegt kein (15) sachlicher Grund für eine Befristung vor, so ist eine Befristung nur bis zur Dauer von (16) 2 Jahren zulässig. Zudem gilt ein (17) Diskriminierung Verbot, d.h., befristete Arbeitnehmer dürfen, z.B. was die (18) Bezahlung angeht, nicht (19) schlechter gestellt werden als die (20) unbefristet eingestellten Arbeitnehmer. Ein kalendermäßig befristeter Arbeitsvertrag endet mit (21) Ablauf der vereinbarten Zeit.

### Füllwörter

| | | |
|---|---|---|
| schlechter | Ablauf | schriftlich |
| unbefristet | Bezahlung | Betriebsrat |
| Monat | zwei | Gewerkschaften |
| zulässig | Vertragsbestandteile | auszuhändigen |
| schriftlich | sachlicher | Diskriminierungsverbot |
| Betriebsvereinbarung | unterzeichnen | Tarifvertrag |
| Dienstvertrags | befristete | Nachweisgesetz |

**Info 1: Formular „Arbeitsvertrag“**

# BüroTec GmbH

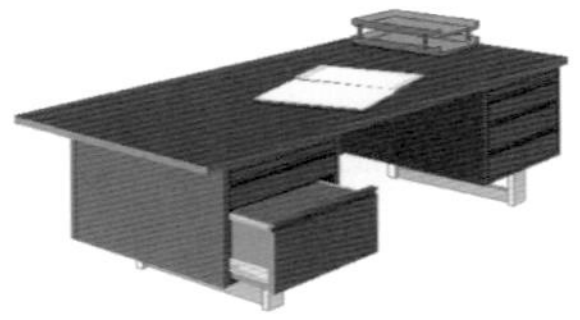

## Arbeitsvertrag

Zwischen der BüroTec GmbH, Anglerstraße 34, 47444 Moers

und ______________________________________________

wird unter Hinweis auf den bestehenden Tarifvertrag in der holz- und kunststoffverarbeitenden Industrie folgender Arbeitsvertrag abgeschlossen:

**§ 1** ______________________________

Das Arbeitsverhältnis beginnt am ________. Arbeitsort ist ________________.

**§ 2** ______________________________

Die Probezeit beträgt _________. Während der Probezeit kann das Arbeitsverhältnis beiderseits mit einer Frist von 2 Wochen zu jedem beliebigen Termin gekündigt werden.

**§ 3** ______________________________

________________ wird als ______________________________ eingestellt. Bei Bedarf sind auch andere zumutbare Arbeiten, die ihren Vorkenntnissen entsprechen, zu leisten. Die bisherige Vergütung ist in diesem Fall weiterzuzahlen.

**§ 4** ______________ ______________

Die wöchentliche Arbeitszeit beträgt ____________. Beginn und Ende der täglichen Arbeitszeit richten sich nach den Betriebsvereinbarungen. Der Arbeitnehmer ist verpflichtet, Mehrarbeit zu leisten, soweit dies gesetzlich zulässig ist. Der Arbeitgeber zahlt für jede geleistete Überstunde einen Zuschlag. Der Zuschlag richtet sich nach den Betriebsvereinbarungen.

**§ 5** ______________________________

Das Gehalt beträgt monatlich __________ brutto, zzgl. __________ vermögenswirksame Leistungen, zahlbar bargeldlos am Monatsende. Die Zahlung von Gratifikationen oder anderen Sonderzahlungen liegt im freien Ermessen des Arbeitgebers und begründet keinen Rechtsanspruch, auch wenn die Zahlungen wiederholt erfolgen.

**§ 6** ______________________________

Der Arbeitnehmer erhält kalenderjährlich einen Erholungsurlaub von _______________ unter Fortzahlung seiner Bezüge. Arbeitstage sind alle Kalendertage, die nicht Samstage, Sonntage oder gesetzliche Feiertage sind. Der Arbeitnehmer stimmt den Urlaubsantritt mit der Abteilungsleitung ab.

**Fortsetzung**

**§ 7** ______________________________

Ist der Arbeitnehmer infolge auf Krankheit beruhender Arbeitsunfähigkeit an der Arbeitsleistung verhindert, ohne dass ihn ein Verschulden trifft, so erhält er Gehaltsfortzahlung nach den tarifvertraglichen Vereinbarungen.

**§ 8** ______________________________

Jede entgeltliche oder das Arbeitsverhältnis beeinträchtigende Nebenbeschäftigung ist nur mit Zustimmung des Arbeitgebers zulässig.

**§ 9** ______________________________

Für die Kündigung des Arbeitsverhältnisses gelten nach Ablauf der Probezeit die gesetzlichen Bestimmungen. Vor Antritt des Arbeitsverhältnisses ist die Kündigung ausgeschlossen.

**§ 10** ______________________________

Die Arbeitnehmerin verpflichtet sich, während der Dauer des Arbeitsverhältnisses und auch nach Ausscheiden, über alle Betriebs- und Geschäftsvereinbarungen Stillschweigen zu bewahren.

**§ 11** ______________________________

Im Falle der schuldhaften Nichtaufnahme der Arbeit oder eines Vertragsbruchs verpflichtet sich die Arbeitnehmerin, dem Arbeitgeber eine Vertragsstrafe in Höhe von ___________________________ zu zahlen.

**§ 12** ______________________________

Änderungen des Vertrages und Ergänzungen bedürfen zu ihrer Rechtswirksamkeit der Schriftform.

**§ 13** ______________________________

Die Arbeitnehmerin bestätigt, dass ihr ein von beiden Vertragspartnern unterzeichnetes Exemplar dieses Vertrages ausgehändigt worden ist.

Moers, den ______________

BüroTec GmbH
Anglerstraße 34
47444 Moers

| ____________________ | ____________________ |
|---|---|
| Arbeitgeber | Arbeitnehmerin |

## Info 2: Auszug aus dem 1 x 1 des Personalmanagements

# P

**1 x 1 des Personal-managements**

## Personal einstellen

### Der Arbeitsvertrag

Hat man sich im Rahmen der Personalauswahlverfahren für einen Bewerber entschieden, so muss zwischen Arbeitgeber und Arbeitnehmer ein Arbeitsvertrag abgeschlossen werden. Ein Arbeitsvertrag ist im juristischen Sinne ein Dienstvertrag und kann grundsätzlich schriftlich, mündlich oder stillschweigend durch konkludentes Handeln abgeschlossen werden. Der Arbeitgeber hat allerdings gemäß Nachweisgesetz (NachwG) spätestens einen Monat nach dem vereinbarten Beginn des Arbeitsverhältnisses die wesentlichen Vertragsbedingungen schriftlich niederzulegen, die Niederschrift zu unterzeichnen und dem Arbeitnehmer auszuhändigen. In die Niederschrift sind mindestens aufzunehmen:

- Namen und Anschriften der Vertragsparteien
- Beginn der Tätigkeit
- Arbeitsort
- Tätigkeitsbezeichnung
- Höhe des Arbeitsentgelts
- Arbeitszeit
- Urlaubsanspruch
- Kündigungsfristen und
- Hinweis auf bestehende Tarifverträge und Betriebsvereinbarungen
- bei befristeten Arbeitsverhältnissen: die vorhersehbare Dauer des Arbeitsverhältnisses

Darüber hinaus sind häufig auch folgende Aspekte Gegenstand von Arbeitsverträgen:

- Probezeit[1]
- Erlaubnis oder Verbot von Nebentätigkeiten
- Entgeltfortzahlung im Krankheitsfall
- Überstundenzuschläge
- ...

Bei der konkreten Ausgestaltung von Arbeitsverträgen haben Arbeitgeber und Arbeitnehmer nur einen begrenzten Spielraum. Tarifverträge, Betriebsvereinbarungen und gesetzliche Regelungen, wie z.B. das Bundesurlaubsgesetz, das Bürgerliche Gesetzbuch, das Mutterschutzgesetz und das Kündigungsschutzgesetz engen den Spielraum erheblich ein. Verstößt ein Arbeitsvertrag gegen entsprechende Vorgaben, ist nicht der ganze Vertrag ungültig, sondern der unwirksame Vertragsteil wird durch einen wirksamen ersetzt. Zudem ist zu beachten, dass gemäß BetrVG § 99 vor jeder Einstellung die Zustimmung des Betriebsrats eingeholt werden muss.

Arbeitgeber sind daran interessiert, gesunde Mitarbeiter einzustellen. Daher wird vor Abschluss eines Arbeitsvertrages häufig eine ärztliche Einstellungsuntersuchung beim Betriebsarzt oder dem arbeitsmedizinischen Dienst[2] verlangt. Der Arbeitgeber kann jedoch niemanden zwingen, die Untersuchungen bei den oben genannten Einrichtungen vornehmen zu lassen. Die Bewerber sind grundsätzlich berechtigt, die notwendigen Untersuchungen bei einem fachlich geeigneten Arzt ihrer Wahl durchführen zu lassen. Ob die Bewerber in diesem Fall eingestellt werden, ist eine andere Frage.

Arbeitgeber und Arbeitnehmer können gemäß dem Gesetz über Teilzeitarbeit und befristete Arbeitsverträge (TzBfG) auch befristete Arbeitsverträge abschließen. Befristete Arbeitsverträge müssen wie Berufsausbildungsverträge schriftlich abgeschlossen werden. Eine Befristung ist bis zur Dauer von 2 Jahren zulässig. Hierbei kann der befristete Arbeitsvertrag von vorneherein auf 2 Jahre ausgelegt sein oder dreimal bis zu einer Gesamtdauer von 2 Jahren verlängert werden. Liegen schwerwiegende sachliche Gründe vor, ist auch eine Verlängerung über 2 Jahre hinaus möglich.

1 Während einer vereinbarten Probezeit, längstens für die Dauer von sechs Monaten, kann das Arbeitsverhältnis mit einer Frist von zwei Wochen gekündigt werden (§ 622 III BGB). In der Praxis wird in der Regel eine Probezeit von sechs Monaten vereinbart.

2 Die arbeitsmedizinischen Dienste, z.B. der Berufsgenossenschaften, sind die Betriebsärzte der Mitgliedsunternehmen. Speziell ausgebildete Ärzte führen die Untersuchungen und Beratungen durch. Außerdem unterstützen die Ärzte die Unternehmen in allen Fragen des Gesundheitsschutzes und arbeiten mit den Fachkräften für Arbeitssicherheit zusammen.

## Fortsetzung

Weitere Formalitäten

Der Arbeitgeber muss den Arbeitnehmer spätestens 2 Wochen nach Beschäftigungsbeginn mithilfe des Sozialversicherungsausweises (SVA) des Arbeitnehmers bei der vom Arbeitnehmer benannten Krankenkasse (Wahlrecht des Arbeitnehmers) anmelden. Der Sozialversicherungsbetrag für Kranken-, Pflege-, Renten- und Arbeitslosenversicherung muss spätestens bis zum drittletzten Bankarbeitstag des laufenden Monats an die benannte Krankenkasse abgeführt werden.

Die Krankenkasse übernimmt die Aufgabe, die Teilbeträge an die übrigen Sozialversicherungsträger zu verteilen. Die gesetzliche Unfallversicherung läuft getrennt von den übrigen Sozialversicherungszweigen. Den Beitrag zur gesetzlichen Unfallversicherung trägt der Arbeitgeber allein. Träger ist die fachlich zuständige Berufsgenossenschaft. Der Beitragssatz richtet sich nach der Entgeltsumme der Mitarbeiter und der Gefahrenklasse des Unternehmens. Eine Anmeldung des einzelnen Mitarbeiters ist nicht nötig.

Der Arbeitgeber ist weiterhin gesetzlich verpflichtet, die Lohnsteuer und gegebenenfalls die Kirchensteuer vom Entgelt des Arbeitnehmers einzubehalten und an das Finanzamt abzuführen. Der Solidaritätszuschlag fällt seit 2021 für ca. 90 % der Beschäftigten weg. Zu Beginn der Beschäftigung muss sich der Arbeitgeber vom Arbeitnehmer daher dessen steuerliche Identifikationsnummer und das Geburtsdatum geben lassen. Zudem muss der Arbeitnehmer seinen neuen Arbeitgeber darüber informieren, ob es sich um einen Haupt- oder Nebenjob handelt. Auf dieser Basis ruft der Arbeitgeber dann die Lohnsteuerabzugsmerkmale (z.B. Steuerklasse, Freibeträge, Kirchensteuerpflicht) seines neuen Mitarbeiters elektronisch bei der Finanzverwaltung ab.

Die Lohnsteuer und evtl. die Kirchensteuer müssen i.d.R. monatlich bis zum 10. Tag des Folgemonats in elektronischer Form beim Finanzamt angemeldet und abgeführt werden.

Darüber hinaus werden vom Arbeitnehmer Informationen über vermögenswirksame Leistungen benötigt. Vermögenswirksame Leistungen gemäß Vermögensbildungsgesetz sind, sofern sie vom Arbeitgeber gezahlt werden, Bestandteil des Bruttoentgelts und damit steuer- und sozialversicherungspflichtig. Die vermögenswirksamen Leistungen (Arbeitnehmer- und Arbeitgeberanteil) werden vom Entgelt abgezogen und an das entsprechende Kreditinstitut weitergeleitet. Ferner benötigt der Arbeitgeber die Bankverbindung des Arbeitnehmers, um die Entgeltzahlung vornehmen zu können. Letztlich ist die Urlaubsbescheinigung des vorherigen Arbeitnehmers nötig, um die verbleibenden Urlaubstage ablesen zu können.

## Info 3: Interne Mitteilung

# BüroTec GmbH

## Interne Mitteilung

**an:** Herrn Balzer

**von:** K. Saalfeld
**Abteilung:** Personal
**Datum:** 05.03.20..
**Zeichen:** sa

**Einstellung Frau Petra Geyer**

Frau Geyer, wohnhaft in 09116 Chemnitz auf der Limbacherstraße 120, fängt am 01.04.20.. in unserem Hause als Verkaufssachbearbeiterin mit Außendiensttätigkeit in unserem Verkaufsbüro in Dresden an.

Tarifvertragliche Regelungen:

- Bruttogehalt 2.700,00 €
- 39-Stunden-Woche
- 30 Arbeitstage Urlaub
- Vermögenswirksame Leistungen 10,00 €

Zusätzliche Vereinbarungen:

- Probezeit 3 Monate
- Vertragsstrafe: ein Bruttogehalt

Mit freundlichen Grüßen

Karin Saalfeld

*



**Info 4: Ablaufschema**

## Von der Personalbedarfsplanung bis zur Personaleinstellung

**Quantitative Personalbedarfsplanung**
⇨ Über- bzw. Unter deckungen anhand von Neu bzw. Minderbedarf sowie Zu- und Abgänge ermitteln

↓

**Qualitativer Personalbedarf**
⇨ anhand vorhandener oder neu zu erstellender Stellenbeschreibungen Anforderungsprofile erarbeiten

↓

**Personalbeschaffung**
⇨ auf internem und/oder externem Beschaffungsweg Mitarbeiter gewinnen

↓

**Personal auswählen**
⇨ anhand von (Bewerbungsunterlagen) Auswahlverfahren, Vorstellungsgesprächen, Testverfahren und/oder Assessment-Centern Mitarbeiter auswählen

↓

**Personal einstellen**
⇨ Arbeitsverträge abschließen, den Mitarbeiter bei der Krankenkasse anmelden, Lohnsteuer und Kirchensteuer Sozial-V.-beiträge abführen sowie eine Personalakte anlegen

| Lernsituation 08 | Entgeltformen | Personal-prozesse |
|---|---|---|

## Lernsituation:

Am 01. Mai 20.. tritt Herr Bernd Wegmann seine Stelle als kaufmännischer Mitarbeiter in der Personalabteilung der BüroTec GmbH an. Seine Aufgabe soll darin bestehen, die Bruttolöhne und -gehälter der bei der BüroTec GmbH beschäftigten Mitarbeiter zu ermitteln. Nachdem ihn Frau Saalfeld, Leiterin der Personalabteilung, im Betrieb herumgeführt und ihn den Mitarbeitern seiner Abteilung vorgestellt hat, beginnt Herr Wegmann damit, sich in seine Aufgabe einzuarbeiten. Im ersten Schritt informiert er sich über die im Unternehmen gängigen Lohnformen.

## Arbeitsaufträge:

1. Erstellen Sie mithilfe des Auszugs aus dem „1x1 des Personalmanagements“ (Info 2) und der vorgegebenen Struktur (Info 3) eine Übersicht zum Thema „Entgeltformen“.

2. Abina Buhari arbeitet als Facharbeiterin in der Werkstatt „Sägen“. Ihre Tätigkeit ist der Lohngruppe 3 zugeordnet. Frau Buhari arbeitet täglich 8 Stunden. Für den Monat März sind 20 Arbeitstage zu veranschlagen. Berechnen Sie auf der Basis der internen Mitteilung (Info 1) den Bruttomonatslohn für Frau Buhari.

3. Da die Mitarbeiter in der Werkstatt „Sägen“ in einem sehr unfallträchtigen Bereich arbeiten, beschließt die Geschäftsführung der BüroTec GmbH, ab Juni die Einführung einer Unfallverhütungsprämie, wenn es auf den Monat bezogen zu keinen Unfällen kommt. Ermitteln Sie, um wie viel € sich der Bruttolohn von Frau Beimer unter der oben genannten Voraussetzung erhöht.

4. Nennen Sie zwei Probleme, die sich für ein Unternehmen ergeben können, wenn beispielsweise Prämien für die Einhaltung der Liefertermine gezahlt werden.

5. Gerd Franke, Abteilungsleiter der Auftragsbearbeitung, erhält zusätzlich zu seinem Jahresgehalt von 70.000,00 € am Ende des Jahres eine Beteiligung am Jahresgewinn. Berechnen Sie die Höhe seiner Gewinnbeteiligung (in €).

6. Erläutern Sie, wovon es in der Praxis abhängen wird, ob die Beteiligung der Mitarbeiter am Gewinn tatsächlich zu einer höheren Motivation und damit zu einer höheren Leistungsbereitschaft führt.

7. In der Montageabteilung der BüroTec GmbH, in der die Mitarbeiter Meyer, Funke, Hanke und Meiser tätig sind, wurde vor einigen Monaten der Akkordlohn eingeführt. Der Akkordlohn kann auf zwei verschiedene Arten berechnet werden.

   7.1 Berechnen Sie im Rahmen des **Geldakkords** folgende Größen:
   - a) den Akkordrichtsatz
   - b) den Stückgeldakkordsatz
   - c) den Bruttostundenlohn der Mitarbeiter Meyer und Funke

   7.2 Berechnen Sie im Rahmen des **Zeitakkords** folgende Größen:
   - a) die Vorgabezeit
   - b) den Minutenfaktor (auf 3 Stellen nach dem Komma runden)
   - c) den Bruttostundenlohn der Mitarbeiter Hanke und Meiser

8. Erläutern Sie, für welche Tätigkeiten der Akkordlohn eher ungeeignet ist.

9. Nennen Sie Vor- und Nachteile, die der Akkordlohn für Arbeitnehmer und Arbeitgeber mit sich bringt.



7 Merkur-Nr. 1022

***Weitere Aufgaben zur Akkordlohnberechnung:***

10. Deniz Gündogan, Mitarbeiter der BüroTec GmbH, hat gemäß Tarifvertrag 15,00 € Mindestlohn. Der Akkordzuschlag beträgt 20 %. Die Normalleistung des Mitarbeiters beträgt 10 Teile je Stunde. Der Mitarbeiter hat im November 1.000 Einheiten angefertigt.

    a) Ermitteln Sie den Akkordrichtsatz.
    b) Ermitteln Sie seinen Bruttolohn im November mithilfe des Stückgeldakkords.
    c) Aufgrund von Tarifverhandlungen erhöht sich der Mindestlohn ab Dezember um 10 %. Ermitteln Sie den neuen Bruttolohn im Stückzeitakkord. Annahme: Auch im Dezember hat der Mitarbeiter 1.000 Einheiten gefertigt.

11. Die Normalleistung eines Arbeiters beträgt 5 Stück je Stunde. Der Mindestlohn liegt bei 10,00 €. Der Akkordzuschlag beträgt 20 %. Berechnen Sie den Bruttolohn, den der Arbeiter bei einem 8-Stunden-Tag im Stückzeitakkord unter folgenden Annahmen erzielt:

    a) bei einer Istleistung von 40 Stück pro Tag
    b) bei einer Istleistung von 60 Stück pro Tag und
    c) bei einer Istleistung von 25 Stück pro Tag.

12. In einer Arbeitsgruppe arbeiten die Mitarbeiter Dahms, Berg und Lange. Der Mindestlohn beträgt 12,00 €, der Akkordzuschlag 20 %. Mitarbeiter Berg erhält außerdem noch einen Alterszuschlag von 20 %, Lange als Gruppenleiter einen Leistungszuschlag von 10 %. Sowohl der Alterszuschlag als auch der Leistungszuschlag werden auf den Akkordrichtsatz aufgeschlagen. Die Vorgabezeit liegt bei 10 Min. pro Einheit und bezieht sich auf die gesamte Arbeitsgruppe. Die erbrachte Istleistung beträgt 10 Einheiten je Stunde.

    a) Berechnen Sie den Bruttostundenlohn der gesamten Arbeitsgruppe im Stückzeitakkord.
    b) Berechnen Sie den Bruttostundenlohn der einzelnen Gruppenmitglieder im Stückzeitakkord. (Den Minutenfaktor auf 3 Stellen nach dem Komma runden).

13. Der tariflich garantierte Mindestlohn für einen Tarifbereich beträgt 12,00 € je Arbeitsstunde, der Akkordzuschlag 20 %. Bei einer Zeitaufnahme ergeben sich für die Bearbeitung eines Stückes unten aufgeführte Messwerte.

    | | | | |
    |---|---|---|---|
    | Messung 1: | 54 Sek. | Messung 4: | 66 Sek. |
    | Messung 2: | 57 Sek. | Messung 5: | 59 Sek. |
    | Messung 3: | 62 Sek. | Messung 6: | 62 Sek. |

    Die Vorgabezeit je Stück soll sich aus dem Mittelwert der 6 Messwerte ergeben. Da die Zeitaufnahme bei besonders leistungsfähigen Mitarbeitern durchgeführt wurde, kommt die Produktionsleitung zu der Einsicht, dass der ermittelte Wert einem Leistungsgrad von 110 % entspricht.

    Berechnen Sie

    a) den Akkordrichtsatz
    b) den Minutenfaktor
    c) die Vorgabezeit je Stück
    d) den Bruttolohn eines Mitarbeiters pro Tag bei einer Istleistung von 525 Stück in 8 Stunden.

14. Die Mitarbeiter Wagner, Steeger und Ludwig arbeiten im Gruppenakkord. Der Tariflohn beträgt:

    | | | | | | |
    |---|---|---|---|---|---|
    | Wagner | 10,00 €/Std. | Steeger | 9,00 €/Std. | Ludwig | 9,50 €/Std. |

    Der Akkordzuschlag beträgt 20 %. Die Entlohnung erfolgt im Stückgeldakkord. Die Normalleistung beträgt 6 Stück je Stunde. Die Gruppe fertigt an einem Arbeitstag in 8 Arbeitsstunden 69 Stück.

    a) Ermitteln Sie den gesamten Bruttolohn der Gruppe an diesem Arbeitstag.
    b) Ermitteln Sie den tatsächlichen Lohn des Mitarbeiters Wagner je Stunde.
    c) Erläutern Sie 2 Probleme, die bei der Entlohnung im Gruppenakkord entstehen können.

**Info 1: Interne Mitteilungen**

# BüroTec GmbH

## Interne Mitteilung

**an:** Herrn Wegmann

**von:** Meike Klar
**Abteilung:** Personal
**Datum:** 05.10.20..
**Zeichen:** kla

## Personaldaten

### Facharbeiterlöhne

| Facharbeiter | Bruttolohn |
|---|---|
| Lohngruppe 1 | 09,00 € je Std. |
| Lohngruppe 2 | 10,00 € je Std. |
| Lohngruppe 3 | 11,00 € je Std. |
| Lohngruppe 4 | 13,00 € je Std. |

### Unfallverhütungsprämien

In unfallfreien Monaten wird in der Werkstatt „Sägen“ eine Unfallverhütungsprämie von 5 % des Bruttolohns gezahlt (gültig seit Juni 20..).

### Gewinnbeteiligung (am Ende des Jahres)

| Mitarbeiter | Gewinnbeteiligung |
|---|---|
| Hilfsarbeiter | 0,15 % |
| Facharbeiter | 0,20 % |
| Sachbearbeiter | 0,20 % |
| Abteilungsleiter | 0,25 % |

Der Jahresgewinn im aktuellen Jahr beträgt 2.000.000,00 €.

### Akkordlöhne in der Montageabteilung

| Akkorddaten | |
|---|---|
| Mindestlohn | 12,00 € je Std. |
| Akkordzuschlag | 12,50 % |
| Normalleistung | 10 Einheiten |

| Leistungsdaten | |
|---|---|
| **Mitarbeiter** | **Ø Istleistung pro Std.** |
| Hans Meyer | 14 Einheiten |
| Fritz Funke | 11 Einheiten |
| Gerd Hanke | 14 Einheiten |
| Peter Meiser | 11 Einheiten |

## Info 2: Auszug aus dem 1 x 1 des Personalmanagements

# E

**1 x 1 des Personal-
managements**

## Entgeltformen

Im Rahmen von Entgeltformen sind insbesondere folgende Varianten zu unterscheiden:

- Zeitlohn
- Leistungslohn
  - Akkordlohn
    - Einzelakkord
    - Gruppenakkord
  - Prämienlohn
  - Mitarbeiterbeteiligung

Beim **Zeitlohn** wird die Zeit vergütet, die der Mitarbeiter dem Unternehmen gemäß Arbeitsvertrag zur Verfügung steht. Bei gewerblichen Arbeitnehmern (Arbeitern) wird i.d.R. ein Stundenlohn vereinbart, der dann anhand der im Monat geleisteten Arbeitsstunden als Monatslohn an den Arbeitnehmer überwiesen wird. Denkbar ist jedoch auch die tägliche oder wöchentliche Auszahlung als Tages- oder Wochenlohn. Kaufmännische Arbeitnehmer (Angestellte) erhalten i.d.R. eine feste monatliche Vergütung, die Gehalt genannt wird. Der Zeitlohn wird insbesondere dann gewählt, wenn die Qualität der Arbeit vorrangig ist oder eine genaue Bewertung der Arbeitsleistung aufgrund der vielfältigen Anforderungen nicht oder nur schwer möglich ist.

Eine Variante des Leistungslohns ist der **Akkordlohn**. Beim Akkordlohn werden die Arbeitnehmer nach der mengenmäßigen Leistung entlohnt. Im Wesentlichen müssen folgende Voraussetzungen gegeben sein, um einen Akkordlohn einführen zu können:

- Die Tätigkeiten müssen sich regelmäßig wiederholen.
- Das Arbeitsergebnis muss leicht messbar sein.
- Die Arbeitsgeschwindigkeit muss ganz oder teilweise vom Mitarbeiter beeinflusst werden können.
- Die Arbeitsleistung bei Normalleistung[1] muss genau ermittelt werden können.

Der Akkordlohn setzt sich aus einem garantierten Mindestlohn und einem Akkordzuschlag zusammen, der meist 10 bis 25 % des Mindestlohnes beträgt. Mindestlohn und Akkordzuschlag ergeben zusammen den Akkordrichtsatz, der auch Grundlohn genannt wird. Bei der Akkordlohnberechnung können zwei Varianten angewendet werden. Für den Arbeitnehmer macht es keinen Unterschied, welche Variante gewählt wird, da sie beide zum gleichen Arbeitsentgelt führen.

---

[1] Normalleistung: Menschliche Leistung, die von jedem hinreichend geeigneten Arbeitnehmer bei voller Übung und Einarbeitung ohne Gesundheitsschädigung auf Dauer im Durchschnitt mindestens erreicht werden kann. Die Normalleistung wird durch geeignete Verfahren im Rahmen von Arbeitszeitstudien ermittelt.

**Fortsetzung**

**Variante A: Geldakkord (Stückakkord)**

Beim Geldakkord wird ein Lohnsatz je Mengeneinheit festgelegt. Man bezeichnet diesen Lohnsatz als Stückakkordsatz oder auch als Stückgeld.

**Akkordrichtsatz: (Grundlohn)** Mindestlohn + Akkordzuschlag

**Stückakkordsatz: (Stückgeld)** $\frac{\text{Akkordrichtsatz (in € pro Std.)}}{\text{Normalleistung/Std.}}$

**Bruttostundenlohn: (Arbeitsentgelt)** Stückakkordsatz x Istleistung/Std.

**Variante B: Zeitakkord (Stückzeitakkord)**

Beim Zeitakkord wird eine Vorgabezeit je Mengeneinheit festgelegt. Man bezeichnet diese Vorgabezeit als Zeitakkordsatz.

**Akkordrichtsatz: (Grundlohn)** Mindestlohn + Akkordzuschlag

**Zeitakkordsatz: (Vorgabezeit)** $\frac{\text{60 Minuten}}{\text{Normalleistung/Std.}}$

**Minutenfaktor:** $\frac{\text{Akkordrichtsatz (in € pro Std.)}}{60}$

**Bruttostundenlohn: (Arbeitsentgelt)** Minutenfaktor x Vorgabezeit x Istleistung/Std.

Im Gegensatz zu den beiden oben beschriebenen Einzelakkordformen werden beim Gruppenakkord Mitglieder einer Arbeitsgruppe bzw. eines Teams gemeinsam im Akkord entlohnt. Der Mehrverdienst wird unter den Mitgliedern der Gruppe aufgeteilt. Hierbei ist eine gleichmäßige Verteilung, eine Verteilung nach Lohngruppen, eine Verteilung nach Altersstufen oder eine Verteilung mithilfe eines Leistungsfaktors, der vom Leiter der Gruppe festgelegt wird, denkbar.

Wird neben dem „normalen" Arbeitsentgelt eine leistungsabhängige Vergütung gewährt, spricht man vom **Prämienlohn**. Denkbar sind sowohl qualitative Prämien als auch quantitative Prämien. Qualitative Prämien werden beispielsweise bei Verringerung der Ausschussquote, bei Einsparungen im Materialbereich, bei Vermeidung von Unfällen und bei Einhaltung von Lieferterminen gewährt. Eine Prämie für die Unterschreitung der Vorgabezeit ist ein Beispiel für die Gewährung von quantitativen Prämien, da hier die Steigerung der mengenmäßigen Arbeitsleistung erhöht wird.

Werden die Mitarbeiter am Gewinn, am Umsatz oder am Kapital (z.B. durch Belegschaftsaktien) beteiligt, spricht man von der **Mitarbeiterbeteiligung**. Mitarbeiterbeteiligungen sollen die Arbeitnehmer an das Unternehmen binden, Leistungsanreize schaffen und die Arbeitszufriedenheit erhöhen.

## Info 3: Schaubild „Entgeltformen“

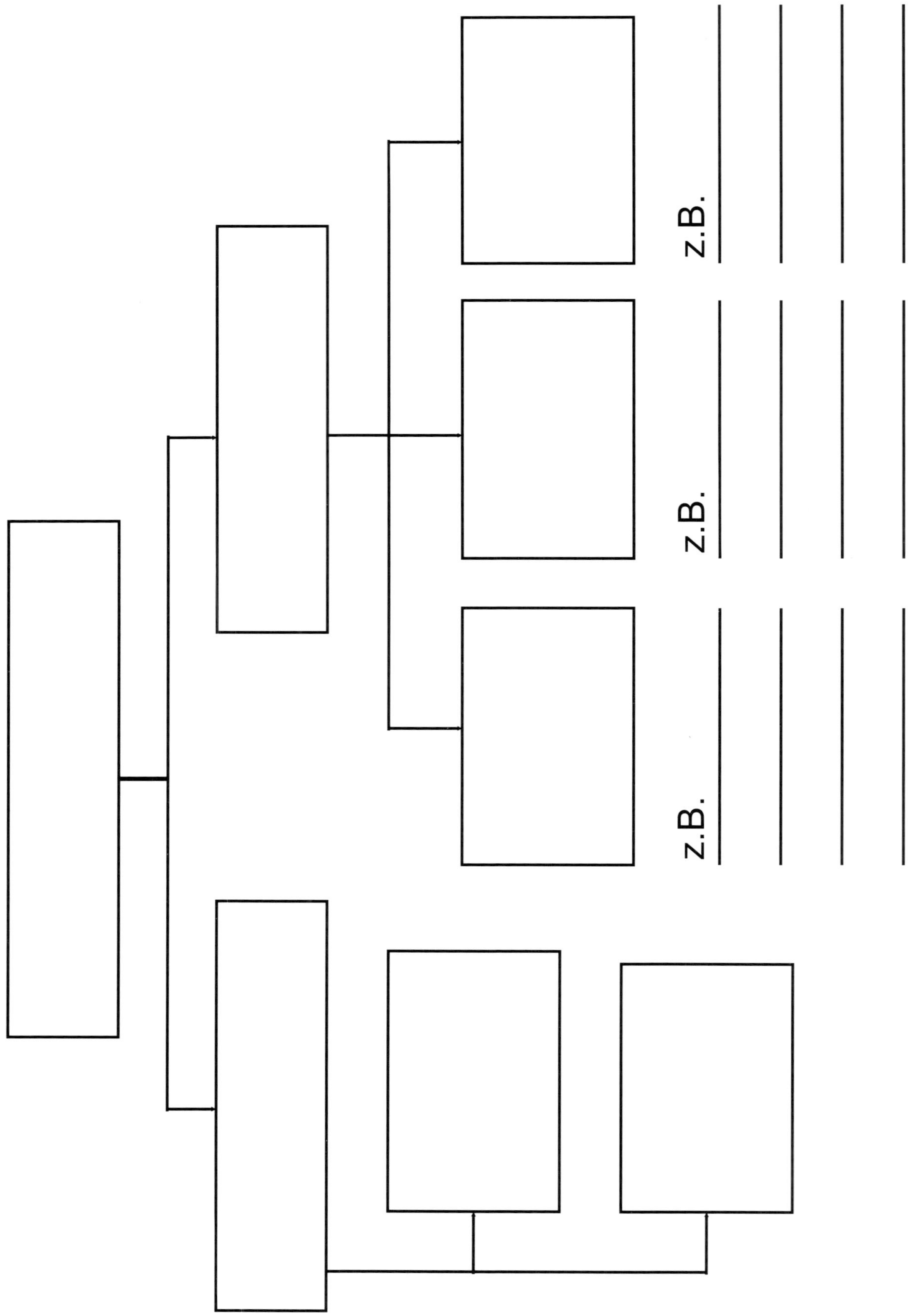

| Lernsituation 09 | Arbeitsstudien durchführen | Personal-prozesse |
|---|---|---|

# Arbeitsstudien durchführen

## Lernsituation:

Wie in einem marktwirtschaftlich organisierten Wirtschaftssystem üblich, werden die Mitarbeiter der BüroTec GmbH nach Leistung entlohnt. Je wichtiger die Tätigkeit, desto höher der Verdienst. Die Bewertung der verschiedenen Tätigkeiten erfolgte jedoch nicht systematisch, sondern wurde in den 80er-Jahren vom damaligen alleinigen Geschäftsführer Herrn Moritz Schmidt mehr oder weniger aus dem Bauch heraus vorgenommen. Vielen BüroTec-Mitarbeitern erscheint es heute nicht mehr nachvollziehbar, warum für bestimmte Tätigkeiten höhere Löhne bzw. Gehälter gezahlt werden als für andere Tätigkeiten. Auch die Unterteilung in Arbeiter und Angestellte erscheint nicht mehr zeitgemäß. Die Geschäftsführung der BüroTec GmbH nimmt die Anregungen aus der Belegschaft auf und beauftragt ihren kaufmännischen Leiter Herrn Mischke damit, über Möglichkeiten für eine leistungsgerechtere Entlohnung nachzudenken.

## Arbeitsaufträge:

1. Informieren Sie sich zunächst über das Thema „Arbeitsstudien“ (Info 1) und halten Sie die wesentlichen Aspekte stichwortartig in diesem Schaubild fest.

Arbeitsstudien

| Arbeitsablaufstudien | Arbeitszeitstudien | Arbeitswertstudien |
|---|---|---|

2. Machen Sie sich nun ein Bild über die möglichen Verfahren, die im Rahmen von **Arbeitswertstudien** Anwendung finden, indem Sie die Tätigkeit der beiden exemplarisch ausgewählten Stellen des **Gruppenleiters Einkauf** sowie des **Industriemechanikers** bewerten (Info 2 und 3).

| Verfahren | Einstufung | |
|---|---|---|
| | Gruppenleiter Einkauf | Industriemechaniker |
| Rangfolgeverfahren (Info 3 A) | Rang: _____ | nicht vorgesehen |
| Gehaltsgruppenverfahren (Info 3 B) | Gehaltsgruppe: _____ | nicht vorgesehen |
| Entgeltrahmenabkommen (Info 3 C) | Entgeltgruppe: _____ | Entgeltgruppe: _____ |
| Stufenwertverfahren (Info 3 D) | nicht vorgesehen | Lohngruppe: _____ |

3. Nennen Sie Vor- und Nachteile, die mit den verschiedenen unter Arbeitsauftrag 2 aufgeführten Verfahren zur Arbeitsbewertung verbunden sind. Nutzen Sie die Struktur unter Info 4.

4. Unterbreiten Sie einen begründeten Vorschlag, welches Verfahren die BüroTec GmbH einführen sollte.

| Verfahren | |
|---|---|

5. Um die Qualität im Produktfeld Bürostühle weiter zu erhöhen, hat sich die Geschäftsführung der BüroTec GmbH entschieden, im Rahmen der Endkontrolle ein halbautomatisches Prüfsystem einzuführen. Dies hat zur Folge, dass im Rahmen von **Arbeitszeitstudien** für die Entgeltabrechnung und zur Ermittlung der Durchlaufzeit neue Vorgabezeiten ermittelt werden müssen. Eine Messung bei den vier mit dieser Tätigkeit beauftragten Mitarbeitern ergab das aus der Tabelle zu entnehmende Ergebnis. Ermitteln Sie aus den gemessenen Zeiten den Durchschnittswert. Dieser soll als Vorgabezeit für die Ausführungsgrundzeit je Stück dienen.

| Mitarbeiter | Endkontrolle je Bürostuhl | Mitarbeiter | Endkontrolle je Bürostuhl |
|---|---|---|---|
| Jan Werther | 3,20 Min. | Manuel Solm | 3,10 Min. |
| Dirk Pitt | 2,90 Min. | Volker Dahms | 3,20 Min. |

Gemäß Erfahrungswerten ist zusätzlich mit folgenden Zeiten zu rechnen:

- Die Ausführungserholungszeit beträgt 10 % der Grundzeit.
- Die Ausführungsverteilzeit beträgt 5 % der Grundzeit.
- Die Rüstgrundzeit beträgt 6,50 Minuten.
- Die Rüsterholungszeit beträgt 10 % der Rüstgrundzeit.
- Die Rüstverteilzeit beträgt 5 % der Rüstgrundzeit.

Ermitteln Sie die Vorgabezeit für die Endkontrolle von 40 Bürostühlen in Minuten. Rechnen Sie auch bei den Teilergebnissen mit drei Stellen hinter dem Komma.

| Vorgabezeit für die Endkontrolle von 40 Bürostühlen in Minuten | |
|---|---|

## Info 1: Auszug aus dem 1 x 1 des Personalmanagements

# A

**1 x 1 des Personal-managements**

### Arbeitsstudien

Die Arbeitsteilung in Unternehmen bewirkt, dass die einzelnen Mitarbeiter verschiedenen Tätigkeiten nachgehen. Da diese Tätigkeiten unterschiedlich hohe Anforderungen an die Mitarbeiter stellen, müssen die Mitarbeiter auch entsprechend unterschiedlich entlohnt werden.

Daher ist eine objektive Leistungsbewertung für die Entlohnung von großer Bedeutung. Obwohl umstritten ist, ob eine objektive Bewertung der Arbeitsleistung überhaupt möglich ist, versucht man mithilfe von sogenannten Arbeitsstudien diesem Ziel einen Schritt näher zu kommen. Die Arbeitsstudien werden sowohl im kaufmännischen als auch im technischen Bereich angewandt. Allerdings lassen sich gerade im kaufmännischen Bereich Arbeitsleistungen nicht direkt messen, sondern können nur langfristig beurteilt werden. Im gewerblich-technischen Bereich wurde von der REFA (Verband für Arbeitsstudien; 1924 als „Reichsausschuss für Arbeitszeitermittlung" entstanden) ein System zur Leistungsbewertung entwickelt. Gemäß **REFA-System** führen drei Schritte zum „gerechten" Lohn.

- Schritt 1: Arbeitsablaufstudien
- Schritt 2: Arbeitszeitstudien
- Schritt 3: Arbeitswertstudien

Im ersten Schritt sind im Rahmen von **Arbeitsablaufstudien** für sämtliche Abschnitte des Produktionsprozesses Arbeitsablaufpläne zu erstellen. Sie ergänzen die Arbeitsplatzbeschreibungen mit genauen Informationen über die einzelnen Prozesse. Im Mittelpunkt stehen hierbei folgende Überlegungen:

- Welche Tätigkeiten sind zu erledigen?
- In welcher Reihenfolge finden sie statt?
- Mit welchen technischen Hilfsmitteln werden sie erledigt?
- Welcher Abteilung sind sie zuzuordnen?

Hierbei erscheint es zweckmäßig, einerseits Arbeitsablaufpläne zu erstellen, die den Gesamtprozess überblicksartig beschreiben, und andererseits Arbeitsablaufpläne für einzelne Teilprozesse zu erstellen, die sehr detaillierte Informationen enthalten. Arbeitsablaufstudien dienen vorrangig dazu, Arbeitsabläufe zu verbessern. Darüber hinaus stellt die Beschreibung der Tätigkeiten sowie der verwendeten technischen Hilfsmittel die Grundlage für die im dritten Schritt stattfindende Arbeitsbewertung dar.

In einem zweiten Schritt sind **Arbeitszeitstudien** anzustellen, d.h., für die einzelnen Tätigkeiten, auch Arbeitsgänge genannt, sind „gerechte" Vorgabezeiten festzulegen, die den Mitarbeitern als Sollrichtwerte dienen und in den Arbeitsplänen festgehalten werden.

Hierbei kann auf unterschiedliche Methoden zurückgegriffen werden. Neben dem Schätzen oder dem Vergleichen mit ähnlichen Vorgängen ist die genaueste Methode darin zu sehen, die Mitarbeiter bei der Ausübung der Tätigkeiten zu beobachten und die ermittelten Zeiten in einem Zeitaufnahmebogen festzuhalten.

An dieser Stelle ist festzuhalten, dass Arbeitszeitstudien weniger als Grundlage für die Arbeitsbewertung dienen, sondern vorrangig zur Ermittlung der Durchlaufzeiten und zur Lohnberechnung bei Akkordlöhnen herangezogen werden.

Bei der Ermittlung der Vorgabezeiten für einzelne Aufträge (= Auftragszeit) ist zwischen der Rüstzeit und der Ausführungszeit, auch Bearbeitungszeit genannt, zu unterscheiden.

Die Rüstzeit setzt sich aus der Rüstgrundzeit, der Rüsterholungszeit und der Rüstverteilzeit zusammen.



8 Merkur-Nr. 1022

## Fortsetzung

Die Rüstgrundzeit beinhaltet die Zeit, während der ein Betriebsmittel umgerüstet wird. Die Rüsterholungszeit ist die Zeit, die nötig ist, um die Ermüdung, die durch das Rüsten entstanden ist, abzubauen. Rüstverteilzeiten sind Zeiten, die beim Rüsten zusätzlich unplanmäßig entstehen.

Auch die Ausführungszeit setzt sich aus den Komponenten Ausführungsgrundzeit, Ausführungserholungszeit und Ausführungsverteilzeit zusammen. Die Ausführungsgrundzeit ist die Zeit, die zur Ausführung des eigentlichen Auftrags benötigt wird. Die Ausführungserholungszeit bezieht sich auf die Ermüdung des Mitarbeiters, die durch seine Tätigkeit entstanden ist. Ausführungsverteilzeiten sind Zeiten, die zusätzlich unplanmäßig bei der Ausführung des eigentlichen Auftrags entstehen.

Nach Beendigung der Arbeitsablauf- und Arbeitszeitstudien hat eine differenzierte Bewertung der verschiedenen Tätigkeiten zu erfolgen. Im Rahmen der hierzu nötigen **Arbeitswertstudien** ist grundsätzlich zwischen den beiden folgenden Verfahren zu unterscheiden:

**Arbeitswertstudien**

**Summarische Arbeitsbewertung**

- Rangfolgeverfahren
- Lohn- bzw. Gehaltsgruppenverfahren
- Entgeltrahmenabkommen (ERA)

**Analytische Arbeitsbewertung**

- Stufenwertverfahren

Die **summarische Arbeitsbewertung** betrachtet die Tätigkeit des Mitarbeiters als geschlossene Einheit. Es erfolgt eine Gesamteinschätzung, d.h., die Beanspruchung bzw. Belastung des Mitarbeiters wird nicht durch eine systematische Analyse der einzelnen Anforderungen, sondern sehr allgemein beurteilt.

Ein Beispiel für die summarische Arbeitsbewertung ist das sogenannte **Rangfolgeverfahren**. In einem ersten Schritt werden die verschiedenen Arbeitsplätze in einem Unternehmen aufgelistet. Danach werden die Arbeitsplätze nach ihrem Anforderungsprofil paarweise verglichen und in eine Rangfolge gebracht. Die sich ergebende Rangfolge stellt eine Abstufung vom einfachsten bis zum anspruchsvollsten Arbeitsplatz dar. Da aus der Rangfolge nicht ersichtlich ist, wie groß der Abstand zwischen den Rängen ist, ist die Zuordnung der Löhne und Gehälter recht problematisch. Zudem ist das Verfahren nur bei einer geringen Anzahl von Stellen möglich.

Beim **Lohn- bzw. Gehaltsgruppenverfahren** wird ein Katalog von Lohn- und Gehaltsgruppen aufgestellt, die unterschiedliche Schwierigkeitsgrade repräsentieren. Die Festlegung der Lohn- und Gehaltsgruppen ist Gegenstand von Tarifverhandlungen und bezieht sich jeweils auf die Gegebenheiten eines ganzen Wirtschaftszweiges (Lohn- und Gehaltsrahmentarifverträge). Die im Unternehmen vorhandenen Stellen können ihrer Stellenbeschreibung entsprechend den Lohn- bzw. Gehaltsgruppen zugeordnet werden. Innerhalb der Gehaltsgruppen findet nicht selten eine Differenzierung nach Betriebszugehörigkeit bzw. Berufserfahrung statt.

Eine Weiterentwicklung stellt das **Entgeltrahmenabkommen (ERA)** dar. Die bisher getrennten tariflichen Einstufungssysteme für Arbeiter und Angestellte werden in einem einheitlichen Verfahren integriert. Statt Tariflohn und Tarifgehalt erhalten alle Mitarbeiter ein Tarifentgelt. Im Vergleich zu den traditionellen Verfahren, die die betriebliche Wirklichkeit nicht mehr ausreichend abbilden, werden bei ERA nicht nur das Können, sondern auch Anforderungsmerkmale wie Handlungs- und Entscheidungsspielraum, Kooperation und Mitarbeiterführung berücksichtigt.

Bei der **analytischen Arbeitsbewertung** wird im Gegensatz zu der summarischen Arbeitsbewertung nicht die Belastung bzw. Beanspruchung des Mitarbeiters als Ganzes bewertet, sondern die Höhe der Beanspruchung für jede Anforderung einzeln ermittelt. Die Gesamtbeurteilung ergibt sich aus den verschiedenen Einzelurteilen (Beispiel: Stufenwertverfahren).

## Info 2: Interne Mitteilungen

# BüroTec GmbH

## Interne Mitteilung

**an:** Frau Saalfeld (Personal)

**von:** Klara Stein
**Abteilung:** Personal
**Datum:** 19.09.20..
**Zeichen:** st

**Stellenbeschreibungen**

Gruppenleiter Einkauf

Die Tätigkeit als Gruppenleiter Einkauf für Werkstoffe umfasst erhöhte Anforderungen im Rahmen der Sachbearbeitung: Bedarf ermitteln, Angebote einholen und auswerten, Preisverhandlungen führen, Bestellungen tätigen, Einkaufsstatistiken erstellen und auswerten, Kennzahlen ermitteln und interpretieren, Prozesse optimieren etc. Dem Gruppenleiter Einkauf sind drei Einkaufssachbearbeiter unterstellt, deren Tätigkeit mit normalen bis vertieften Anforderungen verbunden ist. Grundvoraussetzung für den Gruppenleiter Einkauf ist eine kaufmännische Ausbildung als Industriekaufmann. Zudem ist für das Führen von Preisverhandlungen sowie die Führung von Mitarbeitern Berufserfahrung von mehr als 3 Jahren erforderlich. Bei der Klärung von Preisen und Konditionen ist bei Vorhandensein gewisser Regeln weitgehend selbstständiges Vorgehen erforderlich. Die Aufgabe erfordert regelmäßige Kommunikation mit den Mitarbeitern sowie gelegentlich Abstimmungsgespräche mit den Lieferanten. Mitarbeiter sind fachlich anzuweisen, anzuleiten und zu unterstützen.

Industriemechaniker

Bezüglich der Fachkenntnisse wird eine 3-jährige Facharbeiterausbildung als Industriemechaniker und eine zweijährige zusätzliche praktische Erfahrung in einer ähnlichen Tätigkeit vorausgesetzt. Zur Durchführung der Tätigkeiten wird eine mittlere Geschicklichkeit verlangt. Die geistige Beanspruchung liegt durchgehend im mittleren Bereich, da die Erfüllung der Arbeitsaufgaben teilweise vorgegeben ist. Einige Arbeiten sind nur mithilfe eigener Überlegungen durchführbar (z.B. Lesen von Zeichnungen). Die Erfüllung der Arbeitsaufgaben erfordert regelmäßige Kommunikation und Zusammenarbeit mit den Fertigungsmitarbeitern. Führungskompetenz hingegen ist nicht erforderlich. Die Muskelanforderungen sind hoch, weil Arbeiten mit anstrengender Körperhaltung anfallen. Die Verantwortung für die Betriebsmittel ist durchschnittlich, da die Möglichkeit der Verursachung von Schäden gering ist. Jedoch besteht bei fehlerhafter Durchführung der Reparaturarbeiten ein hohes Risiko für die Gesundheit anderer Mitarbeiter. Der Industriemechaniker hat einen sehr großen Einfluss auf den Arbeitsablauf, da eine schnelle Durchführung der Reparaturen Stillstände und Ausschuss vermeidet. Die Tätigkeit unterliegt verschiedenen negativen Umwelteinflüssen. Die Gefahr der Blendung beim Schweißen ist sehr hoch, ebenso die Verschmutzung durch Öle, Fette und Rost. Außerdem sind erhebliche Belastungen durch Lärm und Erschütterungen bei Arbeiten an den Maschinen und in der Werkstatt gegeben. In der Regel arbeitet der Industriemechaniker nicht unter extremen Temperaturverhältnissen. Die Unfallgefährdung ist im mittleren Bereich anzusiedeln.

Mit freundlichen Grüßen

*Klara Stein*

## Info 3: Verfahren zur Arbeitsbewertung im Rahmen von Arbeitsstudien

### A: Rangfolgeverfahren

Der Abteilung Einkauf sind die unten aufgeführten Stellen zugeordnet:

(+ = höherwertiger / – = geringwertiger)

| Stelle | Bezeichnung | Vergleich mit den anderen Stellen (+/-) | | | | | | Ergebnis (Rang 1, 2 ...) |
|---|---|---|---|---|---|---|---|---|
| | | 1 | 2 | 3 | 4 | 5 | 6 | |
| 1 | Schreibkraft | | | | | | | |
| 2 | Einkaufssachbearbeiter | | | | | | | |
| 3 | Abteilungsleiter Einkauf | | | | | | | |
| 4 | Bürobote | | | | | | | |
| 5 | Gruppenleiter Einkauf | | | | | | | |
| 6 | Sekretärin | | | | | | | |

### B: Gehaltsgruppenverfahren

G1–G7 = Gehaltsgruppen

| | |
|---|---|
| G1 | Tätigkeiten, die nur eine kurze Einweisung benötigen (z.B. einfache Belegbearbeitung, Kopierarbeiten) |
| G2 | Tätigkeiten, die Kenntnisse oder Fertigkeiten voraussetzen, wie sie im Allgemeinen durch eine planmäßige Einarbeitung erworben werden (z.B. einfache Schreibarbeiten, einfache allgemeine Büroarbeiten, Belegbearbeitung) |
| G3 | Tätigkeiten, die Fachkenntnisse voraussetzen, wie sie im Allgemeinen durch eine abgeschlossene Berufsausbildung oder durch einschlägige Erfahrung erworben werden (z.B. einfache Auftragsbearbeitung, einfache Sachbearbeitung im Einkauf, im Marketing und im Rechnungswesen) |
| G4 | Tätigkeiten, die vertiefte Fachkenntnisse voraussetzen, wie sie im Allgemeinen durch zusätzliche Berufserfahrung nach einer abgeschlossenen Berufsausbildung zum Industriekaufmann oder einer artentsprechenden Berufsausbildung erworben werden (z.B. Auftragsbearbeitung, Sachbearbeitung mit normalen Anforderungen im Einkauf, im Marketing und im Rechnungswesen, Tätigkeit als Leiter eines Arbeitsbereichs mit Führungsverantwortung, sofern die überwiegende Zahl der betroffenen Mitarbeiter in Gehaltsgruppe 3 einzuordnen ist) |
| G5 | Tätigkeiten, die gründliche oder vielseitige Fachkenntnisse voraussetzen, wie sie durch mehrjährige einschlägige Erfahrungen erworben werden, oder Tätigkeiten, die umfassende theoretische Kenntnisse erfordern (z.B. Auftragsbearbeitung, Sachbearbeitung im Einkauf, im Marketing und im Rechnungswesen mit erhöhten Anforderungen, Tätigkeit als Leiter eines Arbeitsbereichs mit Führungsverantwortung, sofern die überwiegende Zahl der betroffenen Mitarbeiter in Gehaltsgruppe 4 einzuordnen ist) |
| G6 | Tätigkeiten, die besonders gründliche oder besonders vielseitige Fachkenntnisse voraussetzen, oder Tätigkeiten, die den Anforderungen der Gehaltsgruppe 5 entsprechen und mit besonderer Entscheidungsbefugnis verbunden sind (z.B. qualifizierte Auftragsbearbeitung, qualifizierte Sachbearbeitung im Einkauf, im Marketing und im Rechnungswesen, Tätigkeit als Leiter eines Arbeitsbereichs mit Führungsverantwortung, sofern die überwiegende Zahl der betroffenen Mitarbeiter in Gehaltsgruppe 5 einzuordnen ist) |
| G7 | Tätigkeiten, die sehr hohe Anforderungen an das fachliche Können stellen und mit erweiterter Fach- oder Führungsverantwortung verbunden sind (z.B. besonders qualifizierte Auftragsbearbeitung, besonders qualifizierte Sachbearbeitung im Einkauf, im Marketing und im Rechnungswesen, Tätigkeit als Leiter eines Arbeitsbereichs mit Führungsverantwortung, sofern die überwiegende Zahl der betroffenen Mitarbeiter in Gehaltsgruppe 6 einzuordnen ist) |

# C: Entgeltrahmenabkommen (ERA)

## Kurzübersicht über die Anforderungsmerkmale

### 1 Können

* Die Bewertung von 1.3 Berufserfahrungen erfolgt ausschließlich im Zusammenhang mit der Bewertung von 1.2 Fachkenntnissen.

**1.1 Arbeitskenntnisse**

| Stufe | Beschreibung | Punkte |
|---|---|---|
| 1 | Arbeitsaufgaben, die ein Können erfordern, das durch ein Anlernen von bis zu 1 Woche erworben wird. | 6 |
| 2 | Arbeitsaufgaben, die ein Können erfordern, das durch ein Anlernen von weniger als 4 Wochen erworben wird. | 12 |
| 3 | Arbeitsaufgaben, die ein Können erfordern, das durch ein Anlernen ab 4 Wochen erworben wird. | 18 |
| 4 | Arbeitsaufgaben, die ein Können erfordern, das durch ein Anlernen ab 3 Monaten erworben wird. | 25 |
| 5 | Arbeitsaufgaben, die ein Können erfordern, das durch ein Anlernen ab 6 Monaten erworben wird. | 32 |
| 6 | Arbeitsaufgaben, die ein Können erfordern, das durch ein Anlernen ab einem Jahr erworben wird. | 40 |

**1.2 Fachkenntnisse**

| Stufe | Beschreibung | Punkte |
|---|---|---|
| 7 | Arbeitsaufgaben, die ein Können erfordern, das i.d.R. durch eine abgeschlossene Ausbildung in einem anerkannten Ausbildungsberuf von mind. 2-jähriger Regelausbildungsdauer erworben wird. | 48 |
| 8 | Arbeitsaufgaben, die ein Können erfordern, das i.d.R. durch eine abgeschlossene Ausbildung in einem anerkannten Ausbildungsberuf von mind. 3-jähriger Regelausbildungsdauer erworben wird. | 58 |
| 9 | Arbeitsaufgaben, die ein Können erfordern, das i.d.R. durch eine abgeschlossene Ausbildung in einem anerkannten Ausbildungsberuf und durch eine zusätzliche anerkannte 1-jährige Fachausbildung erworben wird. | 69 |
| 10 | Arbeitsaufgaben, die ein Können erfordern, das i.d.R. durch eine abgeschlossene Ausbildung in einem anerkannten Ausbildungsberuf und durch eine zusätzliche anerkannte 2-jährige Fachausbildung erworben wird. | 81 |
| 11 | Arbeitsaufgaben, die ein Können erfordern, das i.d.R. durch eine abgeschlossene Fachhochschulausbildung erworben wird. | 94 |
| 12 | Arbeitsaufgaben, die ein Können erfordern, das i.d.R. durch eine abgeschlossene Universitätsausbildung erworben wird. | 108 |

**1.3 Berufserfahrungen ***

| Stufe | Beschreibung | Punkte |
|---|---|---|
| 0 | Arbeitsaufgaben, bei denen zusätzlich zu den Fachkenntnissen keine Berufserfahrungen erforderlich bzw. Berufserfahrungen von bis zu einem Jahr ausreichend sind. | 0 |
| 1 | Arbeitsaufgaben, die zusätzlich zu den Fachkenntnissen Berufserfahrungen von mindestens einem Jahr bis zu drei Jahren erfordern. | 6 |
| 2 | Arbeitsaufgaben, die zusätzlich zu den Fachkenntnissen Berufserfahrungen von mehr als drei Jahren erfordern. | 12 |

### 2 Handlungs- und Entscheidungsspielraum

| Stufe | Beschreibung | Punkte |
|---|---|---|
| 1 | Die Erfüllung der Arbeitsaufgaben ist im Einzelnen vorgegeben. | 2 |
| 2 | Die Erfüllung der Arbeitsaufgaben ist weitgehend vorgegeben. | 10 |
| 3 | Die Erfüllung der Arbeitsaufgaben ist teilweise vorgegeben. | 18 |
| 4 | Die Erfüllung der Arbeitsaufgaben erfolgt überwiegend ohne Vorgaben weitgehend selbstständig. | 30 |
| 5 | Die Erfüllung der Arbeitsaufgaben erfolgt weitgehend ohne Vorgaben selbstständig. | 40 |

### 3 Kooperation

| Stufe | Beschreibung | Punkte |
|---|---|---|
| 1 | Die Erfüllung der Arbeitsaufgaben erfordert kaum Kommunikation und Zusammenarbeit. | 2 |
| 2 | Die Erfüllung der Arbeitsaufgaben erfordert regelmäßige Kommunikation und Zusammenarbeit. | 4 |
| 3 | Die Erfüllung der Arbeitsaufgaben erfordert regelmäßige Kommunikation und Zusammenarbeit sowie gelegentliche Abstimmung. | 10 |
| 4 | Die Erfüllung der Arbeitsaufgaben erfordert regelmäßige Kommunikation, Zusammenarbeit und Abstimmung. | 15 |
| 5 | Die Erfüllung der Arbeitsaufgaben erfordert in hohem Maße Kommunikation, Zusammenarbeit und Abstimmung. | 20 |

### 4 Mitarbeiterführung

| Stufe | Beschreibung | Punkte |
|---|---|---|
| 1 | Die Erfüllung der Arbeitsaufgaben erfordert kein Führen. | 0 |
| 2 | Die Erfüllung der Arbeitsaufgaben erfordert, Beschäftigte fachlich anzuweisen, anzuleiten und zu unterstützen. | 5 |
| 3 | Die Erfüllung der Arbeitsaufgaben erfordert, Beschäftigte zur Zielerreichung zweckmäßig einzusetzen, zu unterstützen, zu fördern und zu motivieren. | 10 |
| 4 | Die Erfüllung der Arbeitsaufgaben erfordert, Ziele zu entwickeln und die Beschäftigten zweckmäßig zur Zielerreichung einzusetzen, zu unterstützen, zu fördern und zu motivieren. | 20 |

| Punktspanne | 10-15 | 16-21 | 22-28 | 29-35 | 36-43 | 44-54 | 55-68 | 69-77 | 78-88 | 89-101 | 102-112 | 113-128 | 129-142 | 143-170 |
|---|---|---|---|---|---|---|---|---|---|---|---|---|---|---|
| EG | 1 | 2 | 3 | 4 | 5 | 6 | 7 | 8 | 9 | 10 | 11 | 12 | 13 | 14 |

## D: Stufenwertverfahren

### Genfer Schema

| Jeweilige Punktzahl | I. Fachkönnen: Erforderliche Fachkenntnisse / Berufsausbildung, Berufserfahrung | I. Fachkönnen: Geschicklichkeit / Handfertigkeit | II. Anstrengung: a) geistige Beanspruchung | II. Anstrengung: b) körperliche Beanspruchung | III. Verantwortung: a) für Werkstücke u. Betriebsmittel | III. Verantwortung: b) für die Gesundheit anderer | III. Verantwortung: c) für die Arbeitsgüte | IV. Umwelteinflüsse: a) Temperaturbeeinflussung | IV. Umwelteinflüsse: b) Öl, Fett, Schmutz und Staub | IV. Umwelteinflüsse: c) Gase, Dämpfe, Erschütterung | IV. Umwelteinflüsse: d) Unfallgefährdung | IV. Umwelteinflüsse: e) Lärm, Blendung, Lichtmangel, Erkältungsgefahr |
|---|---|---|---|---|---|---|---|---|---|---|---|---|
| 1 | Anweisung bis 6 Wochen | gering | gering | zeitweise mittel | mittel | mittel | mittel | mittel | gering | mittel | mittel | mittel |
| 2 | Anlernen bis 6 Monate | mittel | zeitweise mittel | dauernd mittel | hoch | hoch | hoch | hoch | mittel | hoch | hoch | hoch |
| 3 | Anlernen mindestens 6 Monate und zusätzl. Berufserfahrung | hoch | dauernd mittel | dauernd hoch | sehr hoch | sehr hoch | sehr hoch | | hoch | | | sehr hoch |
| 4 | abgeschlossene Anlernausbildung und zusätzliche Berufserfahrung | höchste | dauernd hoch | dauernd sehr hoch | | ganz außergewöhnlich | | | sehr hoch | | | |
| 5 | abgeschlossene Facharbeiterausbildung | | dauernd sehr hoch | dauernd ganz außergewöhnlich | | | | | | | | |
| 6 | abgeschlossene Facharbeiterausbildung mit besonderer Berufserfahrung | | dauernd außergewöhnlich | | | | | | | | | |
| 7 | abgeschlossene Facharbeiterausbildung und höchstes fachliches Können | | | | | | | | | | | |

### Stellenbewertungsformular

| Arbeitsplatzbewertung nach dem Genfer Schema für den Industriemechaniker | | |
|---|---|---|
| **Arbeitsanforderungen** | **Höchstpunktzahl** | **Ist-Punktzahl** |
| **I. Fachkönnen** | | |
| a) Fachkenntnisse / Berufsausbildung, -erfahrung | | |
| b) Geschicklichkeit / Handfertigkeit | | |
| **II. Anstrengung** | | |
| a) geistige Beanspruchung | | |
| b) körperliche Beanspruchung | | |
| **III. Verantwortung** | | |
| a) für Werkstücke und Betriebsmittel | | |
| b) für die Gesundheit anderer | | |
| c) für die Arbeitsgüte | | |
| **IV. Umwelteinflüsse** | | |
| a) Temperaturbeeinflussung | | |
| b) Öl, Fett, Schmutz und Staub | | |
| c) Gase, Dämpfe, Erschütterungen | | |
| d) Unfallgefährdung | | |
| e) Lärm, Blendung, Lichtmangel, Erkältungsgefahr | | |
| **Summe der Punkte (Arbeitswert)** | | |

### Zuordnung des Arbeitswertes zu den Lohngruppen

| Lohngruppe | Arbeitswert | Lohngruppe | Arbeitswert | Lohngruppe | Arbeitswert |
|---|---|---|---|---|---|
| 1 | 12 – 20 | 3 | 26 – 30 | 5 | 36 – 40 |
| 2 | 21 – 25 | 4 | 31 – 35 | 6 | 41 – 45 |

## Info 4: Vor- und Nachteile ausgewählter Verfahren zur Arbeitsbewertung

| | | Vorteile | Nachteile |
|---|---|---|---|
| Summarische Arbeitsbewertung | Rangfolgeverfahren | | |
| | Gehaltsgruppenverfahren | | |
| | Entgeltrahmenabkommen (ERA) | | |
| Analytische Arbeitsbewertung | Stufenwertverfahren | | |

| Lernsituation 10  | Entgelte abrechnen | Personalprozesse |
|---|---|---|

## Lernsituation:

Herr Krause, Mitarbeiter der Personalabteilung, ist im Hause BüroTec unter anderem für die Entgeltabrechnungen zuständig. Derzeit ist er damit beschäftigt, zu ermitteln, welcher Betrag den unten aufgeführten Mitarbeitern Ende des Monats auf deren Girokonto zu überweisen ist.

<u>Auszug aus den Personalstammdaten</u>

| Name, Vorname | Mancini, Isabella | Scholz, Heiko | Decker, Ben | Wiese, Tim |
|---|---|---|---|---|
| Tätigkeit im Unternehmen | Verkaufssachbearbeiterin | Verkaufssachbearbeiter | Abteilungsleiter Absatz | Fertigungsmitarbeiter |
| Alter & Familienstand | 30 Jahre verheiratet | 42 Jahre geschieden | 52 Jahre verheiratet | 25 Jahre ledig |
| Zahl der Kinder | 1 Kind | 1 Kind | 1 Kind | - |
| Wohnort | Moers / NRW | Duisburg / NRW | Wesel / NRW | Moers / NRW |
| Kinderfreibetrag | - | 1 | 1 | - |
| Steuerklasse | 5 | 2 | 3 | 1 |
| Religionszugehörigkeit | ev. | rk | - | rk |
| Bruttoentgelt | 2.420,00 € | 2.181,00 € | 4.972,00 € | 15,00 je Stunde |
| AG-Anteil vL lt. Betriebsvereinbarung | 20,00 € | 20,00 € | 20,00 € | 20,00 € |
| AN-Anteil vL | 20,00 € | 20,00 € | 20,00 € | 10,00 € |
| Krankenkassen-Zusatzbeitrag | 1,3 % | 1,2 % | 1,1 % | 1,3 % |
| Sonstiges | - | 230,00 € Überstundenzuschläge | Geldwerter Vorteil in Form eines Firmenwagens in Höhe von 300,00 € pro Monat | Aktueller Monat: 160 Normalarbeitsstunden, 534,00 € Zuschläge für Überstunden, hat Anfang des Monats einen Vorschuss von 500,00 € erhalten. |

## Arbeitsaufträge:

1. Ermitteln Sie für den aktuellen Monat die Überweisungsbeträge für die einzelnen Mitarbeiter. Nutzen Sie hierzu das Formular (Info 2) sowie die weiteren Informationen (Info 1).
2. Berechnen Sie im zweiten Schritt, welcher Betrag insgesamt monatlich für Lohn- und Lohnnebenkosten der einzelnen Mitarbeiter zu veranschlagen ist. Berücksichtigen Sie bei Ihren Berechnungen den monatlichen Beitrag zur Unfallversicherung in Höhe von Ø 1,3 % vom steuer- und sozialversicherungspflichtigen Entgelt.
3. Führen Sie neben den anteiligen Sozialversicherungsbeiträgen weitere Lohnnebenkosten an, die von der BüroTec GmbH getragen werden müssen.
4. In der heutigen Zeit nutzen viele Unternehmen das Internet zur Überweisung der Löhne und Gehälter. Beschreiben Sie die Verfahrensweise beim Onlinebanking. Gehen Sie in diesem Zusammenhang auch auf sicherheitsrelevante Aspekte ein.

## Info 1: Auszug aus dem 1 x 1 des Personalmanagements

# E

**1 x 1 des Personal-
managements**

### Entgeltabrechnung

**Grundlagen**

Jeder Arbeitnehmer, d.h. Arbeiter, Angestellte und auch Auszubildende, muss von seinem Arbeitsentgelt (Löhne, Gehälter und Ausbildungsvergütungen) **Steuern** an den Staat entrichten. Im Einzelnen sind dies die Lohnsteuer, die Kirchensteuer und ggf. der Solidaritätszuschlag.

Die Höhe der Lohnsteuer hängt im Wesentlichen von der Höhe des Arbeitsentgelts, der Steuerklasse und dem aktuellen Steuersatz ab. Die Kirchensteuer wird von der Lohnsteuer berechnet. Sie variiert je nach Bundesland zwischen 8 und 9 %. In Bayern und Baden-Württemberg beträgt der KSt-Satz 8 %, in den übrigen Bundesländern 9 %. Der Solidaritätszuschlag, der zur Unterstützung der neuen Bundesländer erhoben wurde, ist 2021 für rund 90 % aller Arbeitnehmer abgeschafft worden. Nur sehr hohe Einkommen werden noch mit dem Solidaritätszuschlag besteuert. Die konkreten Beträge für das steuerpflichtige Arbeitsentgelt müssen nicht extra rechnerisch ermittelt werden, sondern können aus sogenannten Lohnsteuertabellen herausgelesen werden. Die Lohnsteuer und evtl. die Kirchensteuer sind vom Arbeitgeber an das Finanzamt zu überweisen.

Zusätzlich zu den oben aufgeführten Steuern muss jeder Arbeitnehmer Beiträge an die gesetzlichen **Sozialversicherungen** abführen. Die Sozialversicherungsbeitragssätze sind vom Gesetzgeber festgelegt und werden von Zeit zu Zeit angepasst. Die gesamten Sozialversicherungsbeiträge sind vom Arbeitgeber bis zum drittletzten Bankarbeitstag des Abrechnungsmonats an die Einzugsstelle (i.d.R. die Krankenkasse des betreffenden Arbeitnehmers) abzuführen, die die einzelnen Beträge an die jeweiligen Sozialversicherungsträger überweist.

| Gesetzliche Sozialversicherungen | Beitragssatz 2021 | Finanzierung | Bemerkung |
|---|---|---|---|
| Rentenversicherung | 18,6 % | AN und AG tragen jeweils 50 % | |
| Arbeitslosenversicherung | 2,4 % | AN und AG tragen jeweils 50 % | |
| Unfallversicherung | Ø 1,3 % | AG trägt 100 % | Der Beitragssatz hängt von der Unfallgefahr und der Lohnsumme in einem Betrieb ab. |
| Pflegeversicherung | 3,05 % | AN und AG tragen jeweils 50 % | Kinderlose AN, die das 23. Lebensjahr vollendet haben, müssen einen Beitragszuschlag in Höhe von 0,25 % zahlen. Ihr Beitragssatz erhöht sich daher von 1,525 % auf 1,775 %. Der AG-Anteil bleibt bei 1,525 %. |
| Krankenversicherung | 14,6 % plus Zusatzbeitrag | AN und AG tragen jeweils 50 % | Um ihre Kosten zu decken, erheben die verschiedenen Krankenkassen einen individuellen Zusatzbeitrag. Davon übernehmen AN und AG jeweils die Hälfte. Der Ø Zusatzbeitrag liegt derzeit bei 1,3 %. |

Die Höhe der Sozialversicherungsbeiträge, die ein Arbeitnehmer zu entrichten hat, ist abhängig von der Höhe des Arbeitsentgelts. Je höher das Arbeitsentgelt, desto höher die Sozialversicherungsbeiträge. Allerdings gibt es für die einzelnen Sozialversicherungsbeiträge sogenannte Beitragsbemessungsgrenzen, die jährlich angepasst werden. Erhält ein Arbeitnehmer ein Arbeitsentgelt, das höher ist als die Beitragsbemessungsgrenze, wird der Sozialversicherungsbeitrag nicht vom Arbeitsentgelt, sondern von der Beitragsbemessungsgrenze ermittelt. Man spricht in diesem Zusammenhang auch vom sozialversicherungspflichtigen Arbeitsentgelt.



9 Merkur-Nr. 1022

## Fortsetzung

| Beitragsbemessungsgrenzen 2021 | Ostdeutschland | Westdeutschland |
|---|---|---|
| Kranken- und Pflegeversicherung | 4.837,50 € | 4.837,50 € |
| Renten- und Arbeitslosenversicherung | 6.700,00 € | 7.100,00 € |

**Zusatzinformationen**

Die Höhe der zu zahlenden Lohnsteuer hängt neben der Höhe des steuerpflichtigen Entgelts von der **Steuerklasse** ab.

| Steuerklassen | Bedeutung |
|---|---|
| Steuerklasse I | ledige oder geschiedene Arbeitnehmer |
| Steuerklasse II | ledige oder geschiedene Arbeitnehmer mit Kindern |
| Steuerklasse III | verheiratete Arbeitnehmer, deren Ehepartner kein Arbeitsentgelt bezieht oder Arbeitsentgelt bezieht und in Steuerklasse V eingereiht wird |
| Steuerklasse IV | verheiratete Arbeitnehmer, die beide Arbeitsentgelt beziehen |
| Steuerklasse V | tritt für Ehepartner an die Stelle der Steuerklasse IV, wenn der andere Ehegatte in die Steuerklasse III eingereiht wird |
| Steuerklasse VI | Arbeitnehmer, die nebeneinander von mehreren Arbeitgebern Arbeitsentgelt beziehen (z.B. bei Nebentätigkeiten) |

Für jedes Kind kann ein **Kinderfreibetrag** (Kifb.) beantragt werden. Die Anzahl der zustehenden Kinderfreibeträge wird als elektronisches Lohnsteuerabzugsmerkmal (kurz: ELStAM[1]) erfasst und dann automatisch bei der Berechnung der eventuellen Kirchensteuer berücksichtigt. Auf die Lohnsteuer haben die Kinderfreibeträge keine Auswirkung.

Nicht selten erhalten Arbeitnehmer zusätzlich zu ihrem Arbeitsentgelt sogenannte Sachbezüge, die auch **geldwerte Vorteile** genannt werden. Hierzu zählt auch die ständige Überlassung von Dienstfahrzeugen zur privaten Nutzung. Geldwerte Vorteile sind lohn- und sozialversicherungspflichtig. Bei der Berechnung des geldwerten Vorteils bei der privaten Nutzung von Dienstfahrzeugen kommt häufig die pauschale 1-%-Regelung zur Anwendung, d.h., der Arbeitnehmer muss monatlich 1 % des Bruttolistenpreises des Fahrzeugs zum Zeitpunkt der Erstzulassung versteuern. Darüber hinaus müssen für Fahrten zwischen Wohnung und Arbeitsstätte monatlich 0,03 % des o.g. Bruttolistenpreises pro Entfernungskilometer versteuert werden.

Die monatlich zu leistenden **Arbeitsstunden** sowie die **Überstundenzuschläge** ergeben sich i.d.R. aus den Vereinbarungen in den Manteltarifverträgen in der betreffenden Branche oder den Betriebsvereinbarungen.

Häufig haben Arbeitnehmer Anspruch auf **vermögenswirksame Leistungen** des Arbeitsgebers. Ob und in welcher Höhe, ist ebenfalls in den Manteltarifverträgen der betreffenden Branche oder in Betriebsvereinbarungen festgelegt. Vermögenswirksame Leistungen (vL) des Arbeitgebers führen zu einer Erhöhung des monatlichen Bruttoentgelts und sind somit steuer- und sozialversicherungspflichtig. Der Arbeitnehmer kann nun entscheiden, ob er sich mit dem Sparbetrag des Arbeitgebers zufriedengibt oder ob er den Betrag aus eigenen Mitteln aufstockt. Der gesamte Sparbetrag wird für einen Zeitraum von 7 Jahren angelegt. 6 Jahre lang wird angespart, 1 Jahr liegt das Geld dann noch fest.

[1] Die Finanzverwaltung ist dafür zuständig, dem Arbeitgeber die notwendigen Merkmale für die Besteuerung des Arbeitnehmers zu übermitteln. Der Arbeitgeber ist verpflichtet, die Lohnsteuerabzugsmerkmale seiner Mitarbeiter elektronisch aus der **ELStAM-Datenbank** der Finanzverwaltung abzurufen. Dazu muss er sich über das **ElsterOnline-Portal** bei der Finanzverwaltung authentifizieren. Die dem Lohnsteuerabzug zugrunde gelegten Lohnsteuerabzugsmerkmale muss der Arbeitgeber in der Entgeltabrechnung ausweisen.

**Info 2: Formular zur Entgeltabrechnung**

| Lohn- und Gehaltsabrechnung | Mitarbeiter | | | |
|---|---|---|---|---|
| | Isabella Mancini | Heiko Scholz | Ben Decker | Tim Wiese |
| **Bruttoentgelt** | 2420 € | | 4.972,00 | |
| + AG-Anteil vL | 20 | | 20 € | |
| + Sonderzahlungen | / | | / | |
| + Überstundenzuschläge | / | | / | |
| + Geldwerter Vorteil | / | | 300 € | |
| **= st.- und sv-pflichtiges Entgelt [1]** | 2.440 € | | 5292 € | |
| - Lohnsteuer | 534,50 € | | 656,83 | |
| - Kirchensteuer | 48,10 € | | ~~59,11~~ € 41,60 | |
| - AN-Anteil Krankenversicherung | 209,84 | 379,78 | 329,85 | |
| - AN-Anteil Krankenkassen-ZB[2] | | | / | |
| - AN-Anteil Pflegeversicherung | | | 73,77 | |
| - AN-Anteil Rentenversicherung | | | 492,16 | |
| - AN-Anteil Arbeitslosenversicherung | | | 63,50 € | |
| **= Nettoentgelt** | | | 3584,32 € | |
| - Sparbetrag vL | | | 20 € | |
| - Vorschuss/Abschlagszahlung | | | | |
| - Geldwerter Vorteil | | | 300 € | |
| **= Überweisungsbetrag** | | | 3264,32 | |

1 steuer- und sozialversicherungspflichtiges Entgelt
2 Zusatzbeitrag

## Info 3: Lohnsteuertabelle (Monat)

| Lohn/ Gehalt bis €* | Abzüge an Lohnsteuer, Solidaritätszuschlag (SolZ) und Kirchensteuer (8%, 9%) in den Steuerklassen I–VI | | | | | I, II, III, IV | | mit Zahl der Kinderfreibeträge . . . 0,5 | | | 1 | | | 1,5 | | | 2 | | | 2,5 | | | 3** | | |
|---|---|---|---|---|---|---|---|---|---|---|---|---|---|---|---|---|---|---|---|---|---|---|---|---|---|
| | | LSt | ohne Kinderfreibeträge SolZ | 8% | 9% | | LSt | SolZ | 8% | 9% | SolZ | 8% | 9% | SolZ | 8% | 9% | SolZ | 8% | 9% | SolZ | 8% | 9% | SolZ | 8% | 9% |
| 2 429,99 | I,IV | 259,66 | – | 20,77 | 23,36 | I | 259,66 | – | 13,33 | 14,99 | – | 6,38 | 7,17 | – | 0,83 | 0,93 | – | – | – | – | – | – | – | – | – |
| | II | 216,58 | – | 17,32 | 19,49 | II | 216,58 | – | 10,10 | 11,36 | – | 3,56 | 4,01 | – | – | – | – | – | – | – | – | – | – | – | – |
| | III | 43,66 | – | 3,49 | 3,92 | III | 43,66 | – | – | – | – | – | – | – | – | – | – | – | – | – | – | – | – | – | – |
| | V | 530,66 | – | 42,45 | 47,75 | IV | 259,66 | – | 16,99 | 19,11 | – | 13,33 | 14,99 | – | 9,79 | 11,01 | – | 6,38 | 7,17 | – | 3,31 | 3,72 | – | 0,83 | 0,93 |
| | VI | 563,16 | – | 45,05 | 50,68 | | | | | | | | | | | | | | | | | | | | |
| 2 432,99 | I,IV | 260,33 | – | 20,82 | 23,42 | I | 260,33 | – | 13,38 | 15,05 | – | 6,42 | 7,22 | – | 0,86 | 0,96 | – | – | – | – | – | – | – | – | – |
| | II | 217,25 | – | 17,38 | 19,55 | II | 217,25 | – | 10,16 | 11,43 | – | 3,60 | 4,05 | – | – | – | – | – | – | – | – | – | – | – | – |
| | III | 44,16 | – | 3,53 | 3,97 | III | 44,16 | – | – | – | – | – | – | – | – | – | – | – | – | – | – | – | – | – | – |
| | V | 531,66 | – | 42,53 | 47,84 | IV | 260,33 | – | 17,04 | 19,17 | – | 13,38 | 15,05 | – | 9,84 | 11,07 | – | 6,42 | 7,22 | – | 3,35 | 3,77 | – | 0,86 | 0,96 |
| | VI | 564,16 | – | 45,13 | 50,77 | | | | | | | | | | | | | | | | | | | | |
| 2 435,99 | I,IV | 261,– | – | 20,88 | 23,49 | I | 261,– | – | 13,43 | 15,11 | – | 6,48 | 7,29 | – | 0,89 | 1,– | – | – | – | – | – | – | – | – | – |
| | II | 217,91 | – | 17,43 | 19,61 | II | 217,91 | – | 10,20 | 11,48 | – | 3,64 | 4,10 | – | – | – | – | – | – | – | – | – | – | – | – |
| | III | 44,66 | – | 3,57 | 4,01 | III | 44,66 | – | – | – | – | – | – | – | – | – | – | – | – | – | – | – | – | – | – |
| | V | 532,50 | – | 42,60 | 47,92 | IV | 261,– | – | 17,09 | 19,22 | – | 13,43 | 15,11 | – | 9,89 | 11,12 | – | 6,48 | 7,29 | – | 3,39 | 3,81 | – | 0,89 | 1,– |
| | VI | 565,– | – | 45,20 | 50,85 | | | | | | | | | | | | | | | | | | | | |
| 2 438,99 | I,IV | 261,66 | – | 20,93 | 23,54 | I | 261,66 | – | 13,48 | 15,17 | – | 6,52 | 7,34 | – | 0,92 | 1,04 | – | – | – | – | – | – | – | – | – |
| | II | 218,58 | – | 17,48 | 19,67 | II | 218,58 | – | 10,26 | 11,54 | – | 3,68 | 4,14 | – | – | – | – | – | – | – | – | – | – | – | – |
| | III | 45,16 | – | 3,61 | 4,06 | III | 45,16 | – | – | – | – | – | – | – | – | – | – | – | – | – | – | – | – | – | – |
| | V | 533,33 | – | 42,66 | 47,99 | IV | 261,66 | – | 17,14 | 19,28 | – | 13,48 | 15,17 | – | 9,94 | 11,18 | – | 6,52 | 7,34 | – | 3,43 | 3,86 | – | 0,92 | 1,04 |
| | VI | 566,– | – | 45,28 | 50,94 | | | | | | | | | | | | | | | | | | | | |
| 2 441,99 | I,IV | 262,41 | – | 20,99 | 23,61 | I | 262,41 | – | 13,54 | 15,23 | – | 6,57 | 7,39 | – | 0,96 | 1,08 | – | – | – | – | – | – | – | – | – |
| | II | 219,25 | – | 17,54 | 19,73 | II | 219,25 | – | 10,30 | 11,59 | – | 3,72 | 4,19 | – | – | – | – | – | – | – | – | – | – | – | – |
| | III | 45,66 | – | 3,65 | 4,10 | III | 45,66 | – | – | – | – | – | – | – | – | – | – | – | – | – | – | – | – | – | – |
| | V | 534,50 | – | 42,76 | 48,10 | IV | 262,41 | – | 17,20 | 19,35 | – | 13,54 | 15,23 | – | 9,99 | 11,24 | – | 6,57 | 7,39 | – | 3,47 | 3,90 | – | 0,96 | 1,08 |
| | VI | 566,83 | – | 45,34 | 51,01 | | | | | | | | | | | | | | | | | | | | |

| Lohn/ Gehalt bis €* | Abzüge an Lohnsteuer, Solidaritätszuschlag (SolZ) und Kirchensteuer (8%, 9%) in den Steuerklassen I–VI | | | | | I, II, III, IV | | mit Zahl der Kinderfreibeträge . . . 0,5 | | | 1 | | | 1,5 | | | 2 | | | 2,5 | | | 3** | | |
|---|---|---|---|---|---|---|---|---|---|---|---|---|---|---|---|---|---|---|---|---|---|---|---|---|---|
| | | LSt | ohne Kinderfreibeträge SolZ | 8% | 9% | | LSt | SolZ | 8% | 9% | SolZ | 8% | 9% | SolZ | 8% | 9% | SolZ | 8% | 9% | SolZ | 8% | 9% | SolZ | 8% | 9% |
| 2 948,99 | I,IV | 382,75 | – | 30,62 | 34,44 | I | 382,75 | – | 22,57 | 25,39 | – | 15,02 | 16,89 | – | 7,95 | 8,94 | – | 1,91 | 2,15 | – | – | – | – | – | – |
| | II | 336,16 | – | 26,89 | 30,25 | II | 336,16 | – | 19,07 | 21,45 | – | 11,74 | 13,21 | – | 4,94 | 5,56 | – | – | – | – | – | – | – | – | – |
| | III | 135,66 | – | 10,85 | 12,20 | III | 135,66 | – | 5,05 | 5,68 | – | 0,42 | 0,47 | – | – | – | – | – | – | – | – | – | – | – | – |
| | V | 700,16 | – | 56,01 | 63,01 | IV | 382,75 | – | 26,53 | 29,84 | – | 22,57 | 25,39 | – | 18,73 | 21,07 | – | 15,02 | 16,89 | – | 11,42 | 12,85 | – | 7,95 | 8,94 |
| | VI | 736,16 | – | 58,89 | 66,25 | | | | | | | | | | | | | | | | | | | | |
| 2 951,99 | I,IV | 383,41 | – | 30,67 | 34,50 | I | 383,41 | – | 22,62 | 25,45 | – | 15,07 | 16,95 | – | 8,– | 9,– | – | 1,94 | 2,18 | – | – | – | – | – | – |
| | II | 336,91 | – | 26,95 | 30,32 | II | 336,91 | – | 19,12 | 21,51 | – | 11,79 | 13,26 | – | 4,99 | 5,61 | – | – | – | – | – | – | – | – | – |
| | III | 136,16 | – | 10,89 | 12,25 | III | 136,16 | – | 5,09 | 5,72 | – | 0,46 | 0,52 | – | – | – | – | – | – | – | – | – | – | – | – |
| | V | 701,16 | – | 56,09 | 63,10 | IV | 383,41 | – | 26,59 | 29,91 | – | 22,62 | 25,45 | – | 18,78 | 21,13 | – | 15,07 | 16,95 | – | 11,47 | 12,90 | – | 8,– | 9,– |
| | VI | 737,25 | – | 58,98 | 66,35 | | | | | | | | | | | | | | | | | | | | |
| 2 954,99 | I,IV | 384,16 | – | 30,73 | 34,57 | I | 384,16 | – | 22,68 | 25,52 | – | 15,12 | 17,01 | – | 8,05 | 9,05 | – | 1,98 | 2,23 | – | – | – | – | – | – |
| | II | 337,66 | – | 27,01 | 30,38 | II | 337,66 | – | 19,18 | 21,58 | – | 11,84 | 13,32 | – | 5,03 | 5,66 | – | – | – | – | – | – | – | – | – |
| | III | 136,83 | – | 10,94 | 12,31 | III | 136,83 | – | 5,13 | 5,77 | – | 0,49 | 0,55 | – | – | – | – | – | – | – | – | – | – | – | – |
| | V | 702,16 | – | 56,17 | 63,19 | IV | 384,16 | – | 26,64 | 29,97 | – | 22,68 | 25,52 | – | 18,84 | 21,19 | – | 15,12 | 17,01 | – | 11,52 | 12,96 | – | 8,05 | 9,05 |
| | VI | 738,25 | – | 59,06 | 66,44 | | | | | | | | | | | | | | | | | | | | |
| 2 957,99 | I,IV | 384,91 | – | 30,79 | 34,64 | I | 384,91 | – | 22,74 | 25,58 | – | 15,17 | 17,06 | – | 8,10 | 9,11 | – | 2,02 | 2,27 | – | – | – | – | – | – |
| | II | 338,33 | – | 27,06 | 30,44 | II | 338,33 | – | 19,24 | 21,64 | – | 11,90 | 13,38 | – | 5,08 | 5,71 | – | – | – | – | – | – | – | – | – |
| | III | 137,33 | – | 10,98 | 12,35 | III | 137,33 | – | 5,17 | 5,81 | – | 0,52 | 0,58 | – | – | – | – | – | – | – | – | – | – | – | – |
| | V | 703,16 | – | 56,25 | 63,28 | IV | 384,91 | – | 26,70 | 30,04 | – | 22,74 | 25,58 | – | 18,90 | 21,26 | – | 15,17 | 17,06 | – | 11,58 | 13,02 | – | 8,10 | 9,11 |
| | VI | 739,33 | – | 59,14 | 66,53 | | | | | | | | | | | | | | | | | | | | |
| ... | | ... | | ... | | | ... | | ... | | | ... | | | ... | | | ... | | | ... | | | ... | |
| 5 291,99 | I,IV | 1 070,58 | – | 85,64 | 96,35 | I | 1 070,58 | – | 74,82 | 84,17 | – | 64,48 | 72,54 | – | 54,63 | 61,46 | – | 45,27 | 50,93 | – | 36,40 | 40,95 | – | 28,02 | 31,52 |
| | II | 1 008,25 | – | 80,66 | 90,74 | II | 1 008,25 | – | 70,05 | 78,80 | – | 59,94 | 67,43 | – | 50,31 | 56,60 | – | 41,18 | 46,32 | – | 32,53 | 36,59 | – | 24,37 | 27,41 |
| | III | 656,– | – | 52,48 | 59,04 | III | 656,– | – | 44,57 | 50,14 | – | 36,92 | 41,53 | – | 29,50 | 33,19 | – | 22,33 | 25,12 | – | 15,41 | 17,33 | – | 8,89 | 10,– |
| | V | 1 534,33 | 14,43 | 122,74 | 138,08 | IV | 1 070,58 | – | 80,17 | 90,19 | – | 74,82 | 84,17 | – | 69,58 | 78,28 | – | 64,48 | 72,54 | – | 59,49 | 66,92 | – | 54,63 | 61,46 |
| | VI | 1 570,58 | 18,75 | 125,64 | 141,35 | | | | | | | | | | | | | | | | | | | | |
| 5 294,99 | I,IV | 1 071,66 | – | 85,73 | 96,44 | I | 1 071,66 | – | 74,90 | 84,26 | – | 64,56 | 72,63 | – | 54,70 | 61,54 | – | 45,34 | 51,01 | – | 36,47 | 41,03 | – | 28,09 | 31,60 |
| | II | 1 009,33 | – | 80,74 | 90,83 | II | 1 009,33 | – | 70,14 | 78,90 | – | 60,02 | 67,52 | – | 50,38 | 56,68 | – | 41,24 | 46,40 | – | 32,60 | 36,67 | – | 24,44 | 27,49 |
| | III | 656,83 | – | 52,54 | 59,11 | III | 656,83 | – | 44,64 | 50,22 | – | 36,98 | 41,60 | – | 29,56 | 33,25 | – | 22,40 | 25,20 | – | 15,46 | 17,39 | – | 8,94 | 10,06 |
| | V | 1 535,50 | 14,57 | 122,84 | 138,19 | IV | 1 071,66 | – | 80,26 | 90,29 | – | 74,90 | 84,26 | – | 69,67 | 78,38 | – | 64,56 | 72,63 | – | 59,57 | 67,01 | – | 54,70 | 61,54 |
| | VI | 1 571,75 | 18,89 | 125,74 | 141,45 | | | | | | | | | | | | | | | | | | | | |
| 5 297,99 | I,IV | 1 072,75 | – | 85,82 | 96,54 | I | 1 072,75 | – | 74,98 | 84,35 | – | 64,64 | 72,72 | – | 54,78 | 61,63 | – | 45,42 | 51,09 | – | 36,54 | 41,10 | – | 28,15 | 31,67 |
| | II | 1 010,41 | – | 80,83 | 90,93 | II | 1 010,41 | – | 70,22 | 78,99 | – | 60,09 | 67,60 | – | 50,46 | 56,76 | – | 41,32 | 46,48 | – | 32,66 | 36,74 | – | 24,50 | 27,56 |
| | III | 657,66 | – | 52,61 | 59,18 | III | 657,66 | – | 44,70 | 50,29 | – | 37,04 | 41,67 | – | 29,62 | 33,32 | – | 22,45 | 25,25 | – | 15,52 | 17,46 | – | 9,– | 10,12 |
| | V | 1 536,66 | 14,71 | 122,93 | 138,29 | IV | 1 072,75 | – | 80,34 | 90,38 | – | 74,98 | 84,35 | – | 69,75 | 78,47 | – | 64,64 | 72,72 | – | 59,65 | 67,10 | – | 54,78 | 61,63 |
| | VI | 1 572,91 | 19,03 | 125,83 | 141,56 | | | | | | | | | | | | | | | | | | | | |
| 5 300,99 | I,IV | 1 073,83 | – | 85,90 | 96,64 | I | 1 073,83 | – | 75,07 | 84,45 | – | 64,72 | 72,81 | – | 54,86 | 61,71 | – | 45,48 | 51,17 | – | 36,60 | 41,18 | – | 28,22 | 31,74 |
| | II | 1 011,50 | – | 80,92 | 91,03 | II | 1 011,50 | – | 70,30 | 79,08 | – | 60,17 | 67,69 | – | 50,53 | 56,84 | – | 41,38 | 46,55 | – | 32,73 | 36,82 | – | 24,56 | 27,63 |
| | III | 658,33 | – | 52,66 | 59,24 | III | 658,33 | – | 44,76 | 50,35 | – | 37,09 | 41,72 | – | 29,68 | 33,39 | – | 22,50 | 25,31 | – | 15,57 | 17,51 | – | 9,04 | 10,17 |
| | V | 1 537,83 | 14,85 | 123,02 | 138,40 | IV | 1 073,83 | – | 80,42 | 90,47 | – | 75,07 | 84,45 | – | 69,83 | 78,56 | – | 64,72 | 72,81 | – | 59,72 | 67,19 | – | 54,86 | 61,71 |
| | VI | 1 574,08 | 19,16 | 125,92 | 141,66 | | | | | | | | | | | | | | | | | | | | |

| Lernsituation 11  | **Entgelte buchen** | **Personal-prozesse** |
|---|---|---|

## Lernsituation:

Frau Bergmann ist bei der BüroTec GmbH für die Entgeltbuchungen zuständig. Anhand der von Herrn Krause, Mitarbeiter der Personalabteilung, erstellten Entgeltabrechnungen nimmt Frau Bergmann alle mit den Entgeltabrechnungen verbundenen Buchungen vor. Ist dies geschehen, weist sie die einzelnen Beträge zur Überweisung an. Aktuell liegen ihr folgende Daten vor:

Entgeltabrechnungsdaten:

| **Name, Vorname** | Klasnic, Ivan | Lehnert, Elke | Lange, Bernd |
|---|---|---|---|
| **Allgemeine Daten** | verheiratet, 2 Kinder | ledig, keine Kinder | verheiratet, 1 Kind |
| **Bruttoentgelt** | 2.438,00 € | 2.938,00 € | 5.284,00 € |
| **Alter** | 24 Jahre | 32 Jahre | 55 Jahre |
| **AG-Anteil vL** | 0 € | 10,00 € | 10,00 € |
| **Steuerklasse** | III | I | III |
| **Religion** | ev. | rk | ev. |
| **Kinderfreibetrag** | 2 | 0 | 1 |
| **Lohnsteuer** | 45,16 € | 382,75 € | 656,83 € |
| **Kirchensteuer** | 0 € | 34,44 € | 41,60 € |
| **KV-Zusatzbeitrag** | 1,3 % | 1,2 % | 1,1 % |
| **AN-Anteil SV**[1] | | | |
| **AG-Anteil SV**[2] | | | |
| **Überweisungsbetrag** | | | |
| **Sparrate vL** | 0 € | 40,00 € | 40,00 € |
| **Gehaltsvorschuss** | 0 € | 0 € | 300,00 € in bar |

[1] Beitragssätze (Stand: 2021): 14,6 % KV (zzgl. Zusatzbeitrag), 3,05 % PV (zzgl. Sonderbeitrag für kinderlose Arbeitnehmer ab 23 Jahren i.H.v. 0,25 %), 2,4 % AV und 18,6 % RV.

[2] Die Unfallversicherung zählt nicht zum AG-Anteil SV, sondern wird gesondert verbucht.

## Arbeitsaufträge:

1. Vervollständigen Sie zunächst die obigen Entgeltabrechnungsdaten.

2. Führen Sie danach mithilfe des zur Verfügung stehenden Informationsmaterials (Info 4) sämtliche Entgeltbuchungen für die drei Mitarbeiter der BüroTec GmbH durch.

   Nutzen Sie für die einzelnen Mitarbeiter die zur Verfügung stehenden Vorlagen:

   - Mitarbeiter Ivan Klasnic (Info 1)
   - Mitarbeiterin Elke Lehnert (Info 2)
   - Mitarbeiter Bernd Lange (Info 3)

   Gehen Sie dabei wie folgt vor:

   - Tragen Sie die Buchungssätze in das Grundbuch ein.
   - Richten Sie die benötigten Konten im Hauptbuch ein.
   - Buchen Sie auf den entsprechenden Konten.

## Info 1: Grundbuch und Hauptbuch „Ivan Klasnic“

| Kontonummer | Konto | Soll | Haben |
|---|---|---|---|
| | | | |

S H

S H

S H

S H

S H

## Info 2: Grundbuch und Hauptbuch „Elke Lehnert“

| Kontonummer | Konto | Soll | Haben |
|---|---|---|---|
| | | | |

S H S H

S H S H

S H S H

S H

## Info 3: Grundbuch und Hauptbuch „Bernd Lange“

| Kontonummer | Konto | Soll | Haben |
|---|---|---|---|
| | | | |

S H

S H

S H

S H

S H

S H

S H

S H

S H

## Info 4: Auszug aus dem 1 x 1 des Personalmanagements

# E

**1 x 1 des Personal-managements**

### Entgeltbuchungen

Im Rahmen von Lohn- und Gehaltsbuchungen sind vielfältige Aspekte zu berücksichtigen. Im Folgenden sollen die aufgeführten Lohn- und Gehaltsbuchungen näher betrachtet werden:

I. Entgeltbuchungen ohne Sondereinflüsse

II. Entgeltbuchungen unter Berücksichtigung von vermögenswirksamen Leistungen (vL) und

III. Entgeltbuchungen unter Berücksichtigung von Lohn- und Gehaltsvorschüssen

Auf Entgeltbuchungen unter Berücksichtigung geldwerter Vorteile sowie Zuschläge für Überstunden, Sonntags-, Feiertags- oder Nachtarbeit soll an dieser Stelle nicht eingegangen werden.

**I. Entgeltbuchungen ohne Sondereinflüsse**

Beispiel: Der Einkaufssachbearbeiter Herr Konrad ist 21 Jahre, ledig und hat keine Kinder. Er ist evangelisch und lebt in Nordrhein-Westfalen. Sein Bruttoentgelt im Juni beträgt 2.435,00 €.

| | | | |
|---|---|---|---|
| **Lohnsteuer** | 260,33 € | **Kirchensteuer** | 23,42 € |
| **Solidaritätszuschlag** | 0 € | **Sozialversicherung** | 485,39 € |

Der Überweisungsbetrag beträgt 1.665,86 €. Der Arbeitgeberanteil zur Sozialversicherung beträgt 485,39 € (der Beitrag zur gesetzlichen Unfallversicherung ist hierin nicht enthalten, sondern wird gesondert gebucht). Damit sind insgesamt 970,78 € an die Sozialversicherungsträger abzuführen. An das Finanzamt sind insgesamt 283,75 € abzuführen (Lohnsteuer und Kirchensteuer).

Buchungen

Schritt 1: Buchung der Überweisung der Sozialversicherungsbeiträge[1]
Schritt 2: Buchung der Gehaltsüberweisung unter Berücksichtigung der Pflichtabgaben
Schritt 3: Buchung des AG-Anteils an der Sozialversicherung
Schritt 4: Buchung der Steuerüberweisung an das Finanzamt

**Schritt 1: Buchung der Überweisung der Sozialversicherungsbeiträge**

| Kontonr. | Konto | Soll | Haben |
|---|---|---|---|
| 2640 | Sozialversicherungs-Vorauszahlung | 970,78 € | |
| 2800 | Bank | | 970,78 € |

**Schritt 2: Buchung der Gehaltsabrechnung unter Berücksichtigung der Pflichtabgaben**

| Kontonr. | Konto | Soll | Haben |
|---|---|---|---|
| 6300 | Gehälter | 2.435,00 € | |
| 2800 | Bank | | 1.665,86 € |
| 4830 | Sonstige Verb. gegenüber Finanzbehörden | | 283,75 € |
| 2640 | Sozialversicherungs-Vorauszahlung | | 485,39 € |

[1] Die Zahlung der Sozialversicherungsbeiträge hat zum drittletzten Bankarbeitstag des laufenden Monats zu erfolgen. Die Gehaltsbuchung erfolgt erst später am Monatsende. Am 10. des folgenden Monats werden dann die Lohnsteuer und die Kirchensteuer an das Finanzamt überwiesen.
Die abzuführenden Sozialversicherungsbeiträge können entweder direkt über das Konto 4840 Verbindlichkeiten gegenüber Sozialversicherungsträgern oder indirekt über das Konto 2640 Sozialversicherungs-Vorauszahlung gebucht werden. Auf die erste Möglichkeit soll an dieser Stelle nicht näher eingegangen werden.

## Fortsetzung

**Schritt 3: Buchung des AG-Anteils an der Sozialversicherung**

| Kontonr. | Konto | Soll | Haben |
|---|---|---|---|
| 6410 | AG-Anteil zur Sozialversicherung | 485,39 € | |
| 2640 | Sozialversicherungs-Vorauszahlung | | 485,39 € |

**Schritt 4: Buchung der Steuerüberweisung an das Finanzamt**

| Kontonr. | Konto | Soll | Haben |
|---|---|---|---|
| 4830 | Sonstige Verb. gegenüber Finanzbehörden | 283,75 € | |
| 2800 | Bank | | 283,75 € |

**II. Entgeltbuchungen unter Berücksichtigung von vermögenswirksamen Leistungen (vL)**

Beispiel: Das Beispiel des Einkaufssachbearbeiters Herr Konrad wird um die vermögenswirksamen Leistungen (vL) erweitert. Er ist 21 Jahre, ledig und hat keine Kinder. Er ist evangelisch und lebt in NRW. Sein Bruttoentgelt im Juni beträgt 2.435,00 €. Zusätzlich erhält er vom Arbeitgeber einen vL-Zuschuss in Höhe von 10,00 €. Er selbst spart 30,00 €, sodass sich eine Sparrate von insgesamt 40,00 € ergibt.

| | | | |
|---|---|---|---|
| **Lohnsteuer** | 262,41 € | **Kirchensteuer** | 23,61 € |
| **Solidaritätszuschlag** | 0 € | **Sozialversicherung** | 486,17 € |

Der Überweisungsbetrag beträgt 1.632,81 €. Der Arbeitgeberanteil zur Sozialversicherung beträgt 486,17 €. Damit sind insgesamt 972,34 € an die Sozialversicherungsträger abzuführen. An das Finanzamt sind insgesamt 286,02 € abzuführen (Lohnsteuer und Kirchensteuer).

Buchungen

Schritt 1: Buchung der Überweisung der Sozialversicherungsbeiträge
Schritt 2: Buchung der Gehaltsüberweisung unter Berücksichtigung der Pflichtabgaben und vL
Schritt 3: Buchung des AG-Anteils an der Sozialversicherung
Schritt 4: Buchung der Überweisung des vL-Sparbetrags
Schritt 5: Buchung der Steuerüberweisung an das Finanzamt

**Schritt 1: Buchung der Überweisung der Sozialversicherungsbeiträge**

| Kontonr. | Konto | Soll | Haben |
|---|---|---|---|
| 2640 | Sozialversicherungs-Vorauszahlung | 972,34 € | |
| 2800 | Bank | | 972,34 € |

**Schritt 2: Buchung der Gehaltsabrechnung unter Berücksichtigung der Pflichtabgaben und vL**

| Kontonr. | Konto | Soll | Haben |
|---|---|---|---|
| 6300 | Gehälter | 2.435,00 € | |
| 6320 | Sonstige tarifliche oder vertragl. Aufwendungen | 10,00 € | |
| 2800 | Bank | | 1.632,81 € |
| 4830 | Sonstige Verb. gegenüber Finanzbehörden | | 286,02 € |
| 2640 | Sozialversicherungs-Vorauszahlung | | 486,17 € |
| 4860 | Verbindlichkeiten aus vL | | 40,00 € |

**Schritt 3: Buchung des AG-Anteils an der Sozialversicherung**

| Kontonr. | Konto | Soll | Haben |
|---|---|---|---|
| 6410 | AG-Anteil zur Sozialversicherung | 486,17 € | |
| 2640 | Sozialversicherungs-Vorauszahlung | | 486,17 € |

**Schritt 4: Buchung der Überweisung des vL-Sparbetrags**

| Kontonr. | Konto | Soll | Haben |
|---|---|---|---|
| 4860 | Verbindlichkeiten aus vL | 40,00 € | |
| 2800 | Bank | | 40,00 € |

**Schritt 5: Buchung der Steuerüberweisung an das Finanzamt**

| Kontonr. | Konto | Soll | Haben |
|---|---|---|---|
| 4830 | Sonstige Verb. gegenüber Finanzbehörden | 286,02 € | |
| 2800 | Bank | | 286,02 € |

## Fortsetzung

### III. Entgeltbuchungen unter Berücksichtigung von Lohn- und Gehaltsvorschüssen

Beispiel: Der Fall des Einkaufssachbearbeiters Herr Konrad wird dahingehend erweitert, dass Herr Konrad Anfang Juni um einen Gehaltsvorschuss von 300,00 € in bar bittet. Dieser kurzfristige, meist zinslose Kredit stellt für den Arbeitgeber eine Forderung gegenüber dem Arbeitnehmer dar.
Weitere Daten: Herr Konrad ist 21 Jahre, ledig und hat keine Kinder. Er ist evangelisch und lebt in NRW. Sein Bruttoentgelt im Juni beträgt 2.435,00 €. Zusätzlich erhält er vom Arbeitgeber einen vL-Zuschuss in Höhe von 10,00 €. Er selbst spart 30,00 €, sodass sich eine Sparrate von insgesamt 40,00 € ergibt.

| | | | |
|---|---|---|---|
| **Lohnsteuer** | 262,41 € | **Kirchensteuer** | 23,61 € |
| **Solidaritätszuschlag** | 0 € | **Sozialversicherung** | 486,17 € |

Der Überweisungsbetrag am Ende des Monats nach Abzug des Vorschusses beträgt 1.332,81 €. Der Arbeitgeberanteil zur Sozialversicherung beträgt 486,17 €. Damit sind insgesamt 972,34 € an die Sozialversicherungsträger abzuführen. An das Finanzamt sind insgesamt 286,02 € abzuführen (Lohnsteuer und Kirchensteuer).

Buchungen

Schritt 1: Buchung eines zinslosen Gehaltsvorschusses
Schritt 2: Buchung der Überweisung der Sozialversicherungsbeiträge
Schritt 3: Buchung der Gehaltsüberweisung (inkl. Pflichtabgaben, vL und Gehaltsvorschuss)
Schritt 4: Buchung des AG-Anteils an der Sozialversicherung
Schritt 5: Buchung der Überweisung des vL-Sparbetrags
Schritt 6: Buchung der Steuerüberweisung an das Finanzamt

**Schritt 1: Buchung eines zinslosen Gehaltsvorschusses**

| Kontonr. | Konto | Soll | Haben |
|---|---|---|---|
| 2650 | Forderungen an Mitarbeiter | 300,00 € | |
| 2880 | Kasse | | 300,00 € |

**Schritt 2: Buchung der Überweisung der Sozialversicherungsbeiträge**

| Kontonr. | Konto | Soll | Haben |
|---|---|---|---|
| 2640 | Sozialversicherungs-Vorauszahlung | 972,34 € | |
| 2800 | Bank | | 972,34 € |

**Schritt 3: Buchung der Gehaltsabrechnung (inkl. Pflichtabgaben, vL und Gehaltsvorschuss)**

| Kontonr. | Konto | Soll | Haben |
|---|---|---|---|
| 6300 | Gehälter | 2.435,00 € | |
| 6320 | Sonstige tarifliche oder vertragl. Aufwendungen | 10,00 € | |
| 2800 | Bank | | 1.332,81 € |
| 4830 | Sonstige Verb. gegenüber Finanzbehörden | | 286,02 € |
| 2640 | Sozialversicherungs-Vorauszahlung | | 486,17 € |
| 4860 | Verbindlichkeiten aus vL | | 40,00 € |
| 2650 | Forderungen an Mitarbeiter | | 300,00 € |

**Schritt 4: Buchung des AG-Anteils an der Sozialversicherung**

| Kontonr. | Konto | Soll | Haben |
|---|---|---|---|
| 6410 | AG-Anteil zur Sozialversicherung | 486,17 € | |
| 2640 | Sozialversicherungs-Vorauszahlung | | 486,17 € |

**Schritt 5: Buchung der Überweisung des vL-Sparbetrags**

| Kontonr. | Konto | Soll | Haben |
|---|---|---|---|
| 4860 | Verbindlichkeiten aus vL | 40,00 € | |
| 2800 | Bank | | 40,00 € |

**Schritt 6: Buchung der Steuerüberweisung an das Finanzamt**

| Kontonr. | Konto | Soll | Haben |
|---|---|---|---|
| 4830 | Sonstige Verb. gegenüber Finanzbehörden | 286,02 € | |
| 2800 | Bank | | 286,02 € |

Lernsituation 12

# Sozialversicherungen

**Personal-prozesse**

## Lernsituation:

Die drei Auszubildenden der BüroTec GmbH treffen sich wie jeden Mittag in der Kantine. Auch heute ergibt sich während des Mittagessens wieder eine angeregte Unterhaltung.

**Ismaila:** Sagt mal, habt ihr das auch gesehen? Durch die Sozialversicherungsbeiträge schmälert sich unsere Ausbildungsvergütung unglaublich. Wir würden viel mehr herausbekommen, wenn wir die nicht zahlen müssten.

**Annette:** Ja, ich habe auch schwer geschluckt, als ich meine letzte Abrechnung gesehen habe.

**Markus:** Schön und gut, aber da kommen wir wohl nicht drum rum, oder?

**Ismaila:** Also, ich trete zumindest aus der Rentenversicherung aus. Ich meine, wenn ich später mal richtig Geld verdiene, dann kann ich immer noch anfangen, für meine Rente zu sparen. Man kann zum Beispiel auch privat Altersvorsorge betreiben. Riester-Rente oder so heißt das.

**Markus:** Aber eine Arbeitslosenversicherung find ich schon gut. Heute ist ja kaum ein Arbeitsplatz sicher.

**Annette:** Stimmt, aber bevor die zahlen, muss man doch erst eine ganze Weile einbezahlt haben, oder? Wisst ihr vielleicht, wie lange?

**Ismaila:** Weiß ich auch nicht so genau. Ich habe mich auf jeden Fall entschieden, eine private Krankenversicherung abzuschließen. Da wird man als Patient ganz anders versorgt.

**Markus:** Das ist dann aber doch sicher noch teurer?

**Annette:** Wisst ihr was? Ich bin doch gerade in der Personalabteilung im Einsatz. Die kennen sich bestimmt mit Sozialversicherungen aus. Ich frage mal nach, ob das jemand vernünftig erklären kann.

## Arbeitsaufträge:

1. Informieren Sie sich im Rahmen einer Internetrecherche[1] umfassend über folgende Zweige der gesetzlichen Sozialversicherung:[2]

   - Krankenversicherung
   - Pflegeversicherung
   - Rentenversicherung sowie
   - Arbeitslosenversicherung

   und halten Sie die wesentlichen Merkmale in der zur Verfügung stehenden Übersicht fest (Info 1).

---

1 Der Arbeitsauftrag kann alternativ mithilfe traditioneller Informationsquellen wie z.B. Schulbüchern oder Informationsbroschüren bearbeitet werden.

2 Die gesetzliche Unfallversicherung wird in der folgenden Lernsituation gesondert behandelt.

Orientieren Sie sich hierbei an folgenden Leitfragen:

- Wer ist bzw. sind der/die Versicherungsträger?
- Wer ist versicherungspflichtig?
- Wie finanziert sich der Sozialversicherungszweig?
- Wie hoch sind die Beitragsbemessungsgrenzen?
- Welche Leistungen werden erbracht?

2. Die Kluft zwischen den Einnahmen der Krankenkassen und den ständig steigenden Ausgaben wird trotz der in den letzten Jahren steigenden Beitragssätze immer größer.

   2.1 Beschreiben Sie zwei Lösungen, die grundsätzlich denkbar sind, um das Problem in den Griff zu bekommen.

   2.2 Nennen Sie mögliche Ursachen für die Misere.

   2.3 Erläutern Sie, welche konkreten Lösungsmöglichkeiten Sie sehen, um das Problem zu bewältigen.

3. Folgendes Schaubild veranschaulicht die Probleme in der Rentenversicherung:

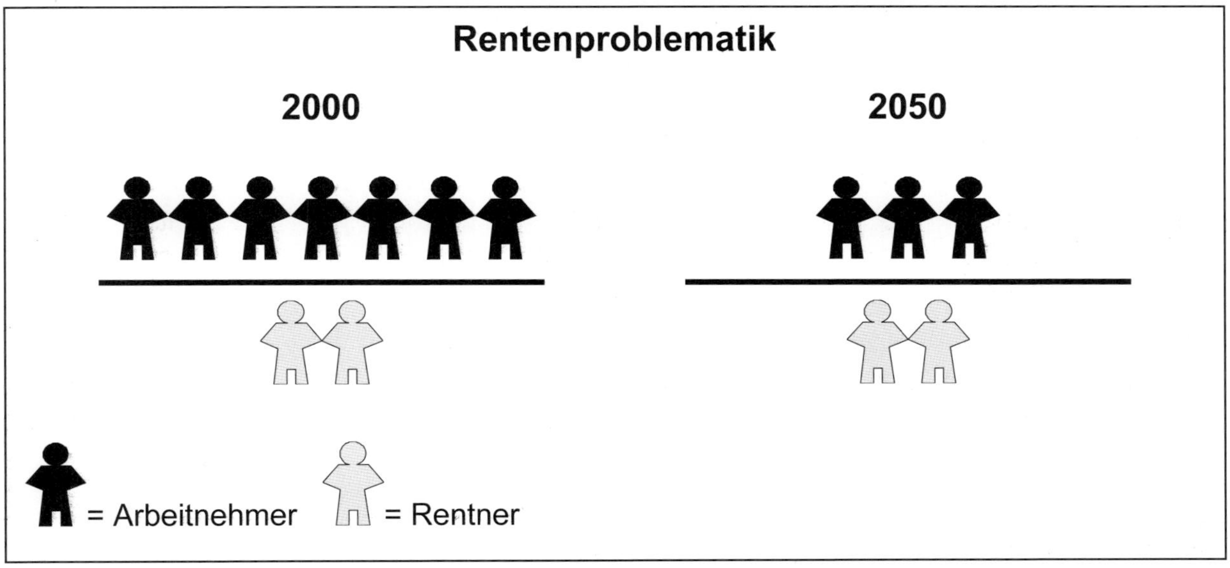


   3.1 Erklären Sie, welches Problem sich aus dem obigen Schaubild ergibt.

   3.2 Erläutern Sie, welche Konsequenzen dies für die Rentner im Jahr 2050 hat.

   3.3 Recherchieren Sie, wie der Staat versucht, das Problem zu lösen.

   3.4 Informieren Sie sich bei den Banken (persönlich oder per Internet) über die sogenannte Riester-Rente.

4. Bearbeiten Sie den Test zum Thema Sozialversicherungen (Info 2).

## Info 1: Übersicht „Zweige der gesetzlichen Sozialversicherung“ (ohne Unfallversicherung)

| Merkmale | Krankenversicherung | Pflegeversicherung |
| --- | --- | --- |
| Versicherungsträger | | |
| Versicherungspflicht | | |
| Finanzierung | | |
| Beitrags-bemessungsgrenzen | | |
| Leistungen | | |

## Fortsetzung

| Merkmale | Arbeitslosenversicherung | Rentenversicherung |
| --- | --- | --- |
| Versicherungsträger | | |
| Versicherungspflicht | | |
| Finanzierung | | |
| Beitrags-bemessungsgrenzen | | |
| Leistungen | | |

**Info 2: Test**

# Test „Sozialversicherungen“

| | |
|---|---|
| **Name** | |
| **Punkte** | |
| **%-Satz** | |

## Aufgabe A: Richtig oder falsch? (10 Punkte)

| Aussagen | Richtig = 1<br>Falsch = 9 |
|---|---|
| Im Rahmen der gesetzlichen Krankenversicherung haben die Versicherten das Recht, unter den verschiedenen Krankenkassen frei zu wählen. | |
| Kranken-, Renten-, Arbeitslosen- und Pflegeversicherung finanzieren sich, abgesehen von Zusatzbeiträgen der Arbeitnehmer, zu je 50 % aus Arbeitgeber- und Arbeitnehmerbeiträgen. | |
| Die Beitragssätze sind in allen gesetzlichen Sozialversicherungszweigen gleich. | |
| Alle Arbeitnehmer sind in der gesetzlichen Krankenversicherung pflichtversichert. | |
| Unterhaltspflichtige Kinder sind in der gesetzlichen Kranken- und Pflegeversicherung beitragsfrei mitversichert. | |
| Arbeitslosengeld I wird aus den Beiträgen der Arbeitslosenversicherung finanziert, das Arbeitslosengeld II hingegen aus Steuereinnahmen. | |
| Mit Ausnahme der Beamten kann jeder, d.h. auch Selbstständige, der Rentenversicherung beitreten. | |
| Die Krankenkassenbeiträge werden durch Rechtsverordnung festgelegt und sind daher bei allen gesetzlichen Krankenkassen gleich. | |
| Die Höhe der Renten richtet sich nach der Zahl der Versicherungsjahre und der Höhe der Beiträge. | |
| Arbeiter, Angestellte, Auszubildende sowie Freiwilligendienstleistende sind in der Rentenversicherung pflichtversichert. | |

## Aufgabe B: Berechnung des Krankenkassenbeitrags (4 Punkte)

Costa Kostic, 41 Jahre, Abteilungsleiter Einkauf in einem größeren Unternehmen der Fahrradbranche in NRW, verdient monatlich 5.100,00 € brutto.
Freddy Wächter, 25 Jahre, Einkaufssachbearbeiter im gleichen Unternehmen, erhält ein monatliches Bruttogehalt von 2.200,00 €.

Berechnen Sie den monatlichen Krankenkassenbeitrag der beiden Mitarbeiter. Gehen Sie von einem einheitlichen Krankenkassenbeitragssatz in Höhe von 14,6 % (zuzüglich Krankenkassen-Zusatzbeitrag in Höhe von 1,3 %) und einer Beitragsbemessungsgrenze von 4.837,50 € aus.

| Mitarbeiter | Betrag | Mitarbeiter | Betrag |
|---|---|---|---|
| Kostic | | Wächter | |

## Aufgabe C: Zuordnung von Leistungen (10 Punkte)

1 = Gesetzliche Krankenversicherung
2 = Gesetzliche Rentenversicherung
3 = Gesetzliche Pflegeversicherung
4 = Gesetzliche Arbeitslosenversicherung
5 = keine Zuordnung möglich

| Leistungen | Nr. | Leistungen | Nr. |
|---|---|---|---|
| Vorsorgeuntersuchungen | | Insolvenzgeld | |
| Mutterschaftsgeld | | BAföG | |
| Pflegegeld | | Wohngeld | |
| Zuschüsse zu Heimkosten | | Rehabilitation (Beinbruch nach Skiunfall) | |
| Altersruhegeld | | Medikamente (Grippe) | |
| Arbeitslosengeld I | | Rente wg. teilweiser Erwerbsminderung (Beinamputation nach priv. Motorradunfall) | |
| Kurzarbeitergeld | | Rehabilitation wg. drohender Erwerbsminderung (nach Autounfall im Urlaub) | |
| Hinterbliebenenrente | | Teilstationäre Pflege | |
| Rente wegen voller Erwerbsminderung (privater Skiunfall) | | Qualifizierungsmaßnahmen aufgrund von Arbeitslosigkeit | |
| Krankengeld | | Umschulung nach Beinamputation aufgrund eines Motorradunfalls (siehe oben) | |

## Aufgabe D: Träger der Sozialversicherung (4 Punkte)

| Gesetzliche Sozialversicherungen | Träger |
|---|---|
| Rentenversicherung | |
| Arbeitslosenversicherung | |
| Krankenversicherung | |
| Pflegeversicherung | |

## Aufgabe E: Richtig oder falsch? (6 Punkte)

| Aussagen | Richtig = 1<br>Falsch = 9 |
|---|---|
| Die heutige beitragszahlende Generation verpflichtet sich, die Renten der vorausgehenden Generation zu sichern. | |
| Die heute geleisteten Beiträge werden sogleich als Rente an die Rentner ausgezahlt (Umlageverfahren). | |
| Die Rentenbeiträge der heutigen Generation werden in festverzinslichen Wertpapieren angelegt und bei Eintritt in das Rentenalter ausgezahlt. | |
| Der Bund ist verpflichtet, finanzielle Lücken in der Rentenversicherung zu schließen (Bundesgarantie). | |
| Die erste Aussage bezeichnet man als Generationenvertrag. | |
| Selbstständige können der gesetzlichen Rentenversicherung beitreten. | |

Lernsituation 13

# Unfallversicherung

**Personal-prozesse**

## Lernsituation:

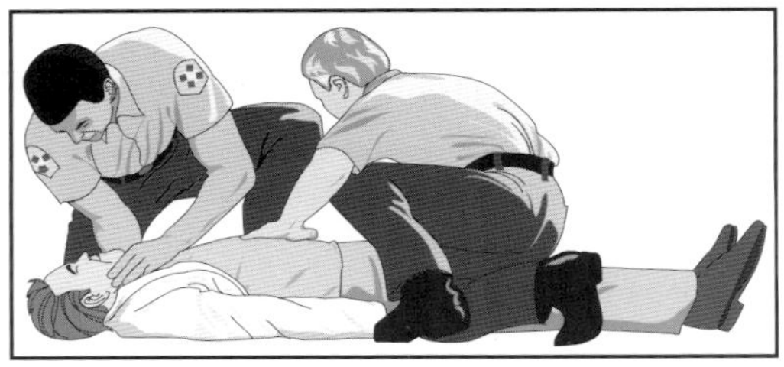

Markus Decker, 30 Jahre, und Peter Stein, 28 Jahre, arbeiten beide als Tischler bei der BüroTec GmbH in Moers. Um Benzinkosten zu sparen, fahren sie täglich gemeinsam zur Arbeit. An einem Montagmorgen auf dem Weg zur Arbeit unterhalten sich beide dermaßen rege, dass sie in einer Kurve auf regennasser Fahrbahn ohne Fremdeinwirkung schwer verunglücken. Markus Decker bleibt wie durch ein Wunder unverletzt. Peter Stein wird per Rettungswagen unverzüglich ins nächstgelegene Krankenhaus transportiert. Dort muss ihm aufgrund seiner schweren Armverletzungen der linke Arm amputiert werden.

## Arbeitsaufträge:

1. Überlegen Sie, ob im vorliegenden Fall die gesetzliche Unfallversicherung greift. Begründen Sie Ihre Auffassung und überlegen Sie sich die Konsequenzen, die sich für Herrn Stein ergeben. Nutzen Sie hierzu die entsprechende Arbeitsvorlage (Info 1).
2. Erstellen Sie eine tabellarische Übersicht über die wesentlichen Merkmale der gesetzlichen Unfallversicherung (Info 2 und 3).
3. Bearbeiten Sie die Fälle A – D (siehe folgende Seite) nach dem obigen Schema.
4. Erläutern Sie, welche Konsequenzen sich für die BüroTec GmbH im Rahmen der Unfallversicherung ergeben würden, wenn die Zahl der Unfälle im Unternehmen steigen würde.
5. Erklären Sie, warum es für Peter Stein von Vorteil ist, dass sich der Unfall auf dem Weg zur Arbeit ereignet hat und nicht auf einem Wochenendausflug ins Sauerland.
6. Nennen Sie Gründe für die in der unten stehenden Grafik dargestellte Entwicklung.

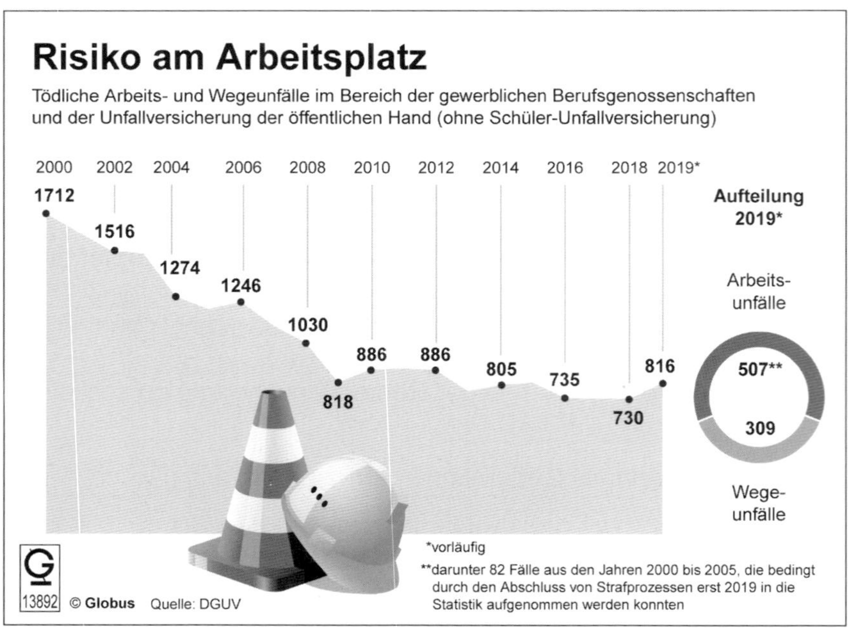

## Weitere Fälle:

### Fall A: „Ausrutschen“

Frau Blasso (33), Sachbearbeiterin im Rechnungswesen der BüroTec GmbH, bringt sich für gewöhnlich ihr Mittagessen mit zur Arbeit. Manchmal fährt sie auch mit Kolleginnen in der Mittagspause zur nahe gelegenen Pizzeria. So auch am 17. November 20... Als sie kurz vor Ende der Pause wieder im Büro angekommen waren, ging Frau Blasso noch einmal zum Auto zurück, um ihre dort liegen gelassene Geldbörse zu holen. Auf dem Rückweg lief Sie hastig die Bürotreppe hinauf, rutschte aus und fiel unglücklich die Treppe hinunter. Das Warnschild „Vorsicht, frisch gebohnert“ hatte sie in der Eile übersehen. Im Krankenhaus stellte man mehrere Brüche im Lendenwirbelbereich fest. Frau Blasso wird Zeit ihres Lebens auf einen Rollstuhl angewiesen sein.

### Fall B: „Schwerhörigkeit“

Herr Brass (53) arbeitet in der Fertigungsabteilung der BüroTec GmbH. Seine tägliche Arbeit beinhaltet das Sägen, Bohren und Montieren der einzelnen Teile der Schreibtische, aber auch die telefonische Beratung bei Kundenanfragen hinsichtlich des Fertigungsfortschritts. Für die jeweiligen Vorgänge werden druckluftbetriebene Werkzeuge eingesetzt, durch die es in der Fertigungshalle den ganzen Arbeitstag über sehr laut ist. Seit längerem klagt Herr Brass über ein immer schlechter werdendes Gehör. Nach einem Arztbesuch wird ihm schließlich Schwerhörigkeit bescheinigt, die so stark ausgeprägt ist, dass er auf einem Ohr fast gar nichts mehr hört. Messungen aus der Vergangenheit belegen, dass Herr Brass täglich über acht Stunden einer enormen Lärmbelästigung ausgesetzt ist. Dieser Umstand ist für die BüroTec GmbH Anlass, Lärmreduzierungsmaßnahmen einzuleiten. Für Herrn Brass kommen die Maßnahmen leider zu spät.

### Fall C: „Tochter“

Herr Toprak und Herr Nagel – beide verheiratet und jeweils eine Tochter – sind Angestellte der BüroTec GmbH in Moers. Da sie beide in Düsseldorf wohnen und Kosten sparen möchten, fahren sie jeden Tag gemeinsam zur Arbeit und wechseln sich mit dem Fahren im Wochenrhythmus ab. Immer wenn Herr Nagel an der Reihe ist, holt er auf dem Weg von der Arbeit nach Hause seine Tochter um kurz nach 16.00 Uhr von der Schule ab. Danach setzen sie den Arbeitskollegen Herrn Toprak am Park-and-Ride-Parkplatz ab und fahren nach Hause. So auch am 12. April 20... Kurz bevor sie den Parkplatz erreichen, haben sie einen Unfall, bei dem Vater und Tochter unverletzt bleiben. Herr Toprak jedoch hat nicht so viel Glück. Er wird so schwer verletzt, dass er im Krankenhaus seinen Verletzungen erliegt.

### Fall D: „Rohre“

Herr Breuer ist als Mitarbeiter im Lager der BüroTec GmbH für die Wareneingangskontrolle sowie die Ein- und Auslagerung der Werkstoffe zuständig. Um Unfälle zu vermeiden, hängen im Lager gut sichtbar Unfallverhütungsvorschriften aus. Diese sind von den Mitarbeitern zu beachten und beinhalten unter anderem die Vorschrift, dass die Arbeiter in der Fertigung, in der Arbeitsvorbereitung und im Lager eine entsprechende Schutzkleidung zu tragen haben. Obwohl Herr Breuer immer vorsichtig ist, geschieht ihm an einem Freitagnachmittag ein Missgeschick. Beim Einlagern in das Hochregal fallen ihm schwere Stahlrohre, die für die Schreibtische benötigt werden, auf die Füße. Der linke Fuß wird so schwer verletzt, dass er ihm amputiert werden muss. Im Krankenhaus wird allerdings festgestellt, dass dies hätte verhindert werden können, wenn Herr Breuer Sicherheitsschuhe getragen hätte.

## Info 1: Vorlage zur Bewertung der Fälle

| Fälle | Versicherungsfall für die gesetzliche Unfallversicherung? | Begründung | Konsequenzen für den Arbeitnehmer |
|---|---|---|---|
| Ausgangsfall | • Arbeitsunfall ☐<br>• Wegeunfall ☐<br>• Berufskrankheit ☐<br>• Kein Versicherungsfall ☐ | | |
| Fall A: „Ausrutschen“ | • Arbeitsunfall ☐<br>• Wegeunfall ☐<br>• Berufskrankheit ☐<br>• Kein Versicherungsfall ☐ | | |
| Fall B: „Schwerhörigkeit“ | • Arbeitsunfall ☐<br>• Wegeunfall ☐<br>• Berufskrankheit ☐<br>• Kein Versicherungsfall ☐ | | |
| Fall C: „Tochter“ | • Arbeitsunfall ☐<br>• Wegeunfall ☐<br>• Berufskrankheit ☐<br>• Kein Versicherungsfall ☐ | | |
| Fall D: „Rohre“ | • Arbeitsunfall ☐<br>• Wegeunfall ☐<br>• Berufskrankheit ☐<br>• Kein Versicherungsfall ☐ | | |

## Info 2: Auszug aus dem 1 x 1 des Personalmanagements

# U

**1 x 1 des Personal-managements**

## Unfallversicherung

Die gesetzliche Unfallversicherung ist der fünfte Zweig der gesetzlichen Sozialversicherung und versichert per Gesetz alle Arbeitnehmer (Angestellte, Arbeiter, Auszubildende) unabhängig von ihrer Einkommenshöhe und von der Art und Dauer ihrer Beschäftigung. Darüber hinaus sind insbesondere auch Kindergartenkinder, Schüler, Studenten sowie arbeitslose Arbeitnehmer versichert. Selbstständige können sich freiwillig versichern. Grundlage der gesetzlichen Sozialversicherung ist das Sozialgesetzbuch VII (SGB VII).

Die Versicherungsträger der gesetzlichen Unfallversicherung sind die Unfallkassen der öffentlichen Hand (Bund, Länder und Gemeinden) sowie die für die entsprechende Branche zuständigen Berufsgenossenschaften wie z. B. die gewerblichen Berufsgenossenschaften, die landwirtschaftlichen Berufsgenossenschaften oder die See-Berufsgenossenschaften.

Die Beiträge für die gesetzliche Unfallversicherung werden im Gegensatz zu den vier anderen Zweigen der Sozialversicherung zu 100 % vom Arbeitgeber getragen. Die Höhe der Beiträge richtet sich nach der jährlichen Lohn- und Gehaltssumme sämtlicher Mitarbeiter sowie dem Grad der Unfallgefahr (Gefahrenklasse) des Unternehmens. Ein Sägewerk ist beispielsweise einer höheren Gefahrenklasse zugeordnet als eine Möbelfabrik. Ereignen sich in einem Unternehmen wenig Unfälle, wird ein Nachlass von bis zu 5 % gewährt. Im anderen Fall sind Zuschläge bis zu einer Höhe von 25 % möglich.

Der Versicherungsschutz besteht für 3 Arten von Versicherungsfällen: Unfälle am Arbeitsplatz, Wegeunfälle sowie Berufskrankheiten. Arbeitsunfälle müssen in direktem Zusammenhang mit der Berufsausübung stehen, d.h., Unfälle, die sich in der Mittagspause zugetragen haben, werden nicht als Arbeitsunfälle anerkannt. Wegeunfälle müssen sich auf direktem Wege von der Wohnung des Versicherten zur Arbeitsstelle und umgekehrt ereignen, um geltend gemacht werden zu können. Eine Ausnahme hierbei bilden Fahrgemeinschaften. Hier gelten die Umwege, die in Kauf genommen werden müssen, um eine Kollegin abzuholen, als direkter Weg. Umwege, die gemacht werden müssen, um Kinder aus dem Kindergarten oder der Schule abzuholen, gelten ebenfalls als direkter Weg. Als Berufskrankheiten kommen nur solche Erkrankungen infrage, die nach den Erkenntnissen der Medizin durch besondere Einwirkungen am Arbeitsplatz verursacht sind, z.B. Schwerhörigkeit bei Arbeiten unter erheblicher Lärmeinwirkung. Die sogenannten Volkskrankheiten wie Rückenbeschwerden oder Herz-Kreislauf-Erkrankungen zählen nicht dazu. Ob gesundheitliche Beschwerden entschädigungspflichtig sind, entscheidet nicht die Berufsgenossenschaft, sondern der Gesetzgeber.

Versicherungsschutz besteht grundsätzlich auch dann, wenn sich der Unfall aufgrund fahrlässigen oder auch grob fahrlässigen Verhaltens des Versicherten ereignet hat. Ist der Unfall auf Trunkenheit, Rauschgift- oder Tablettenmissbrauch zurückzuführen, entfällt der Versicherungsschutz. Gleiches gilt, wenn der Unfall vorsätzlich herbeigeführt wurde.

Die gesetzliche Unfallversicherung hat bezogen auf Arbeitsunfälle, Wegeunfälle und Berufskrankheiten folgende Aufgaben:

- Verhütung von Unfällen
- Minderung und Beseitigung von Unfallfolgen

Zur Verhütung von Unfällen werden Unfallverhütungsvorschriften erlassen. Deren Einhaltung sowie die entsprechende Einrichtung der Arbeitsstätte ist Aufgabe der Arbeitgeber. Die Arbeitnehmer haben die Unfallverhütungsvorschriften zu beachten. Die Überwachung und die Beratung der Unternehmen erfolgt durch technische Aufsichtsbeamte. Darüber hinaus müssen in Unternehmen mit mehr als 20 Mitarbeitern Sicherheitsbeauftragte ernannt werden, die vor Ort auf die Einhaltung der Schutzvorschriften achten.

## Fortsetzung

Infolge eines Arbeitsunfalls, eines Wegeunfalls oder einer Berufskrankheit erbringt die gesetzliche Unfallversicherung vielfältige Leistungen, die im Folgenden aufgeführt werden:

- Heilbehandlung (ärztliche Behandlung, Medikamente, Kuren etc.)
- Verletztengeld (entspricht dem Krankengeld)
- Berufshilfe (Wiedereingliederung, Umschulung)
- Übergangsgeld
- Verletztenrente (z.B. bei teilweiser oder voller Erwerbsminderung)
- Hinterbliebenenrente
- Abfindungen
- Sterbegeld

Auf den ersten Blick sind die Leistungen der gesetzlichen Unfallversicherung mit den Leistungen der gesetzlichen Krankenversicherung vergleichbar. Der große Vorteil für den Verunglückten besteht nun darin, dass die Leistungen der gesetzlichen Unfallversicherung wesentlich weitreichender sind. Man spricht in diesem Zusammenhang von der sogenannten bestmöglichen Heilbehandlung. Zudem sind Medikamente zuzahlungsfrei. Darüber hinaus sind sowohl das Verletztengeld als auch die Verletztenrente höher als das Krankengeld der gesetzlichen Krankenkassen bzw. die Erwerbsminderungsrente der gesetzlichen Rentenversicherung.

## Info 3: Tabellarische Übersicht

| Merkmale | Gesetzliche Unfallversicherung |
|---|---|
| Versicherungsträger | |
| Versicherte Personen | |
| Finanzierung | |
| Leistungen | |

| Lernsituation 14  | **Tarifverträge** | **Personal-prozesse** |
|---|---|---|

## Lernsituation:

**Löhne aktuell – der große Schluck aus der Pulle**

Die Populisten aller Parteien meldeten sich wie immer als erste zu Wort. Bereits Anfang Dezember beschied der Bundesarbeitsminister den Lesern einer großen Sonntagszeitung, die Arbeitnehmer bräuchten endlich „wieder gute Löhne“. Auch der Bundespräsident erklärte eine Woche später im gleichen Blatt, dass er sich natürlich nicht in die Tarifpolitik einmischen wolle, aber „wo die Wirtschaft spürbar wächst, sollte es auch spürbare Lohnerhöhungen geben“. Was spielt es da schon für eine Rolle, dass Politiker mit Tarifverhandlungen eigentlich gar nichts zu tun haben? Aber es ist ja so verführerisch, gerade jetzt Stellung zu beziehen: Die Konjunkturforscher haben ihre Prognosen für das nächste Jahr deutlich angehoben. Wann, wenn nicht jetzt, ist der Zeitpunkt für eine Beteiligung der Arbeitnehmer am Aufschwung? Die IG Metall jedenfalls ist fest entschlossen. Sie nutzt den politischen Rückenwind und die Stimmung in der Bevölkerung, um für saftige Lohnerhöhungen zu werben. Mit einer Forderung von fünf bis sieben Prozent will die IG Metall in die Tarifrunden ziehen. Zu viel, zu wenig? Die Meinungen darüber gehen weit auseinander. Die meisten Wirtschaftsforscher halten maximal zwei bis drei Prozent für problemlos verkraftbar.

## Arbeitsaufträge:

1. Verschaffen Sie sich einen Überblick über das Zustandekommen von Tarifverträgen und deren Inhalte, indem Sie die wesentlichen Aspekte stichwortartig in dem zur Verfügung stehenden Schaubild festhalten (Info 1 und 3).

2. Beschreiben Sie mithilfe des Ablaufschemas (Info 2) die einzelnen Schritte, die zu einem neuen Tarifvertrag führen.

3. Erläutern Sie, warum der Gesetzgeber im Tarifvertragsgesetz (TVG) festgelegt hat, dass im Rahmen der zweiten Urabstimmung nur 25 % der Gewerkschaftsmitglieder dem neuen Tarifvertrag zustimmen müssen, um ihn in Kraft treten zu lassen.

4. Erklären Sie, welche wirtschaftlichen Auswirkungen mit Arbeitskampfmaßnahmen verbunden sind.

5. Nehmen Sie ausführlich Stellung zu folgender Aussage des Ökonoms Hans-Werner Sinn, der traditionell ein Freund längerer Lohnzurückhaltung ist. Seine Argumentation: „Weil noch immer mehr als zwei Millionen Menschen ohne Arbeit sind, sollten die Glücklichen, die einen Job haben, sich noch ein paar Jahre bescheiden und hinter dem Möglichen zurückbleiben.“ So, und nur so, entstehen nach seiner Meinung neue Arbeitsplätze: „Eigentlich müssten wir noch weitere Jahre auf Lohnerhöhungen verzichten oder sogar erhebliche Lohneinbußen hinnehmen, wenn wir die Arbeitslosigkeit nachhaltig abbauen wollen“, mahnt der Ökonom – und er fügt an, was Arbeitnehmer nicht so gerne hören: „Das sind die Kräfte der Globalisierung. Wir stehen hier erst am Anfang einer Entwicklung.“

6. Im Tarifvertragsrecht gelten u.a. folgende Grundsätze:
   Allgemeinverbindlichkeit, Tarifautonomie, Schriftform, Tariffähigkeit, Friedenspflicht, Unabdingbarkeit, Erfüllungspflicht, Nachwirkung, Tarifgebundenheit und Öffentlichkeit.

   Ordnen Sie den nachfolgend aufgeführten Beschreibungen jeweils einen der zuvor genannten Grundsätze zu.

a) Das Recht, Tarifverträge abzuschließen, haben i.d.R. nur die Arbeitgeber- und Arbeitnehmerverbände. Ausnahmsweise haben dieses Recht auch einzelne Unternehmen, so z.B. die Volkswagen AG (TVG § 2, I).

| Grundsatz | |
|---|---|

b) Die Tarifvertragsparteien und ihre Mitglieder sind an die im Tarifvertrag vereinbarten Bestimmungen gebunden (TVG § 3, III).

| Grundsatz | |
|---|---|

c) Die Bedingungen des Einzelarbeitsvertrages dürfen für einen Arbeitnehmer nicht ungünstiger sein als die des Tarifvertrages. Die Inhalte des Tarifvertrages stellen also für den Arbeitnehmer Mindestbedingungen dar.

| Grundsatz | |
|---|---|

d) Die Tarifparteien haben das Recht, selbstständig und ohne Einmischung von außen Arbeitsbedingungen auszuhandeln. Der Staat darf nicht regulierend eingreifen. Allerdings wird gesamtwirtschaftliches Verantwortungsbewusstsein vorausgesetzt.

| Grundsatz | |
|---|---|

e) Nach TVG § 2, IV haften die Tarifvertragsparteien dafür, dass ihre Mitglieder die vertraglich übernommenen Verpflichtungen erfüllen.

| Grundsatz | |
|---|---|

f) Während der Laufzeit eines Tarifvertrages dürfen von den Tarifvertragsparteien keine Arbeitskampfmaßnahmen ergriffen werden.

| Grundsatz | |
|---|---|

g) Der Abschluss, eine Änderung oder die Aufhebung eines Tarifvertrages sowie die Allgemeinverbindlichkeitserklärung werden in ein besonderes Tarifregister eingetragen, das beim Bundesarbeitsministerium geführt wird. Es kann von jedem eingesehen werden. Darüber hinaus muss der Arbeitgeber die für seinen Betrieb gültigen Tarifverträge an geeigneter Stelle im Betrieb zur Einsicht auslegen.

| Grundsatz | |
|---|---|

h) Tarifverträge können nicht mündlich abgeschlossen werden. Sie bedürfen stets der Schriftform, da sie in das Tarifregister eingetragen werden müssen.

| Grundsatz | |
|---|---|

i) Bei auslaufenden Tarifverträgen gilt der alte Tarifvertrag so lange weiter, bis ein neuer Tarifvertrag abgeschlossen worden ist (TVG §§ 3, III und 4, V).

| Grundsatz | |
|---|---|

j) Betriebe, deren Inhaber nicht einem Arbeitgeberverband angehören, sind an die Bestimmungen des Tarifvertrages nicht gebunden. Die Tarifvereinbarungen können von den nicht organisierten Unternehmen somit auch unterschritten werden. Das Tarifvertragsgesetz bietet die Möglichkeit, Tarifverträge auch auf die bisher nicht tarifgebundenen Arbeitgeber und Arbeitnehmer auszudehnen (TVG § 5, IV). Das geschieht durch eine entsprechende Erklärung des Bundes- oder Landesarbeitsministers, sofern bestimmte Voraussetzungen vorliegen (z.B. öffentliches Interesse). Die Erklärung wird ins Tarifregister eingetragen und veröffentlicht. Danach ist es einem Arbeitgeber z.B. nicht mehr möglich, nicht organisierte Arbeitnehmer zu schlechteren Bedingungen zu beschäftigen als Gewerkschaftsmitglieder.

| Grundsatz | |
|---|---|

## Info 1: Schaubild „Tarifverträge“

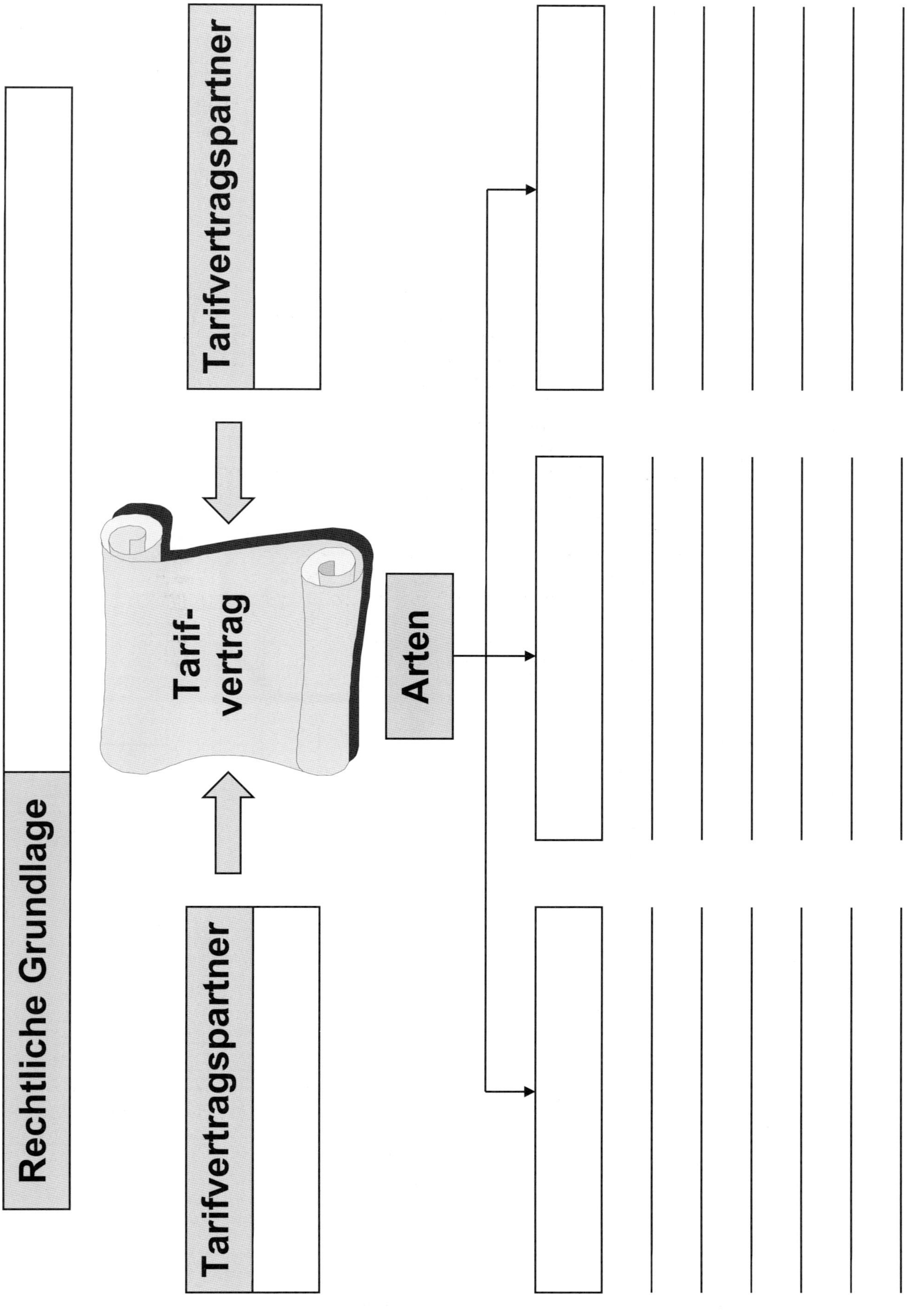




12 Merkur-Nr. 1022

## Info 2: Ablaufschema „Der lange Weg zum neuen Tarifvertrag“

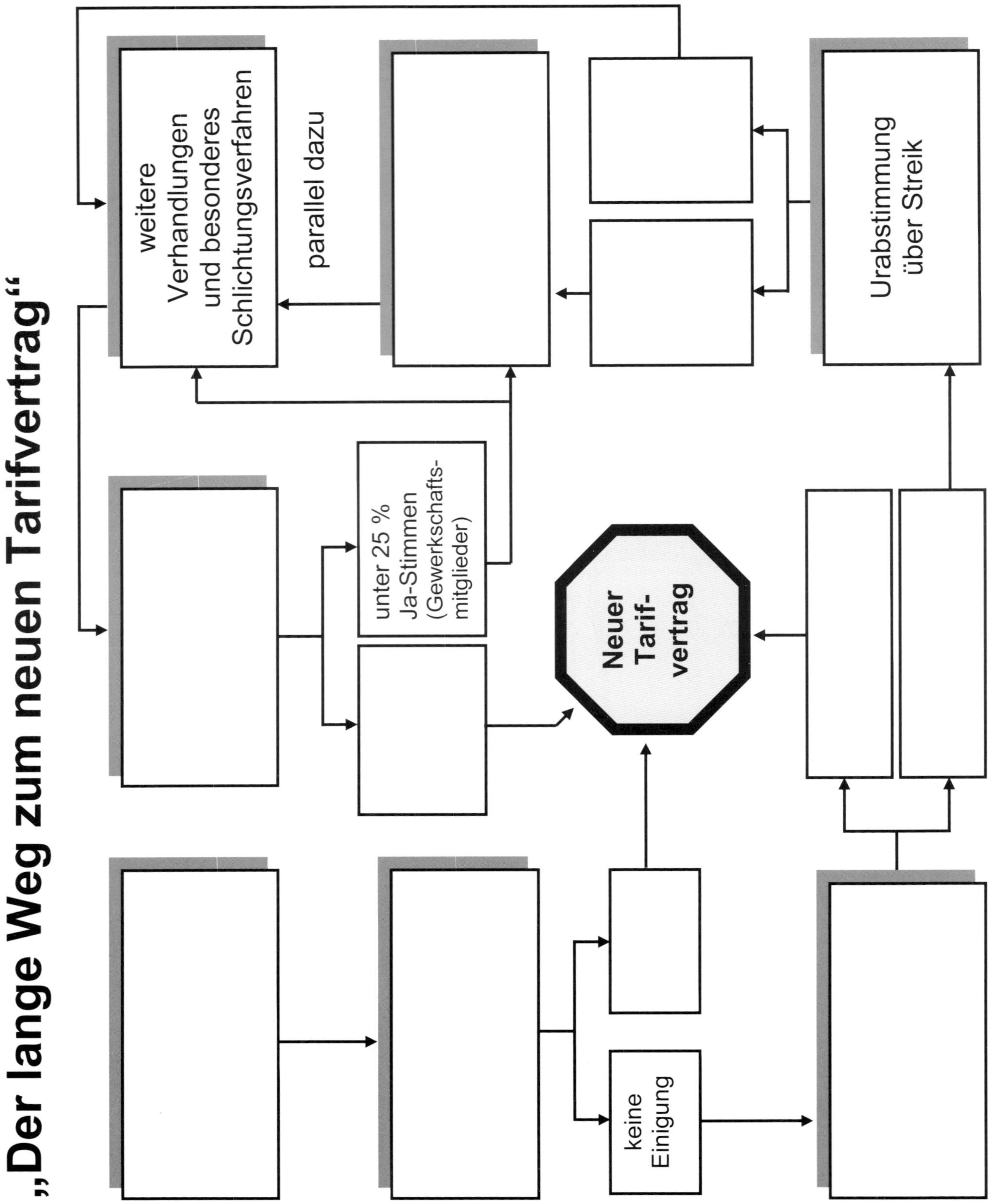

## Info 3: Auszug aus dem 1 x 1 des Personalmanagements

# T

**1 x 1 des Personal-managements**

## Tarifverträge

### Grundlagen

Tarifverträge werden zwischen den Sozialpartnern einer Branche abgeschlossen. Das sind auf der einen Seite die Arbeitnehmerverbände, sprich die Gewerkschaften (z.B. IG Metall), und auf der anderen Seite die Arbeitgeberverbände (z.B. Gesamtmetall). Aus diesem Grund gilt ein Tarifvertrag i.d.R. für eine ganze Branche. Man spricht in diesem Fall auch vom Flächentarifvertrag. In Ausnahmefällen kann der Vertragspartner der Gewerkschaften jedoch auch ein einzelnes (meist) größeres Unternehmen sein. Für einen Tarifvertrag ist die Schriftform vorgeschrieben. Rechtliche Grundlage für den Abschluss von Tarifverträgen ist das Tarifvertragsgesetz (TVG).

Grundsätzlich ist zwischen drei verschiedenen Tarifvertragsarten zu unterscheiden:

- In **Lohn- und Gehaltstarifverträgen** (auch Entgelttarifverträge genannt) werden Löhne und Gehälter sowie Ausbildungsvergütungen vereinbart. Eine besondere Rolle spielen hierbei die sogenannten Eckentgelte (siehe unten). Die Laufzeit dieser Tarifverträge ist recht kurz und beträgt i.d.R. ein bis zwei Jahre.

- In **Lohn- und Gehaltsrahmentarifverträgen** (auch Entgeltrahmentarifverträge genannt) werden Lohn- und Gehaltsgruppen bzw. Entgeltgruppen (z.B. I bis VI) gebildet, die unterschiedliche Leistungs- bzw. Schwierigkeitsgrade repräsentieren.

  Eine besondere Rolle spielt hierbei diejenige Entgeltgruppe, die einer mittleren Leistung entspricht (im unteren Beispiel die Entgeltgruppe IV). Sie wird gleich 100 % gesetzt. Das hier gezahlte Entgelt wird als Eckentgelt bezeichnet. Die höheren bzw. niedrigeren Entgeltgruppen werden mit auszuhandelnden prozentualen Auf- und Abschlägen versehen.

  Der Vorteil besteht nun darin, dass in den in kürzeren Zeitabständen abzuschließenden Lohn- und Gehaltstarifverträgen nur noch das Eckentgelt ausgehandelt werden muss. Das Entgelt für die übrigen Entgeltgruppen lässt sich anschließend problemlos anhand der Zu- und Abschläge ermitteln.

| Entgeltgruppe | %-Satz | Entgelt je Stunde | |
|---|---|---|---|
| I | 85 % | 11,90 € | |
| II | 90 % | 12,60 € | |
| III | 95 % | 13,30 € | |
| IV | 100 % | 14,00 € | **Eckentgelt** |
| V | 105 % | 14,70 € | |
| VI | 110 % | 15,40 € | |

## Fortsetzung

Die im Unternehmen vorhandenen Stellen können ihrer Stellenbeschreibung entsprechend den einzelnen Gruppen zugeordnet werden. Innerhalb der Entgeltgruppen findet nicht selten eine Differenzierung nach Betriebszugehörigkeit, Alter bzw. Berufserfahrung statt (siehe auch Lernsituation 9: Arbeitsstudien durchführen). Da sich diese Rahmenbedingungen nicht so schnell ändern, haben Entgeltrahmentarifverträge eine Laufzeit über mehrere Jahre.

- In **Manteltarifverträgen** (auch Rahmentarifverträge genannt) werden allgemeine Arbeitsbedingungen ausgehandelt, die länger gültig sind. Beispiele hierfür sind unter anderem: Wöchentliche Arbeitszeit, Zahl der Urlaubstage, Urlaubsgeld, Weihnachtsgeld, vermögenswirksame Leistungen, Taktzeiten bei Akkordarbeit, verlängerte Kündigungsfristen, Zuschläge für Mehr-, Nacht- und Feiertagsarbeit und betriebliche Altersversorgung. Manteltarifverträge haben i.d.R. eine Laufzeit von mehreren Jahren.

### Tarifverhandlungen – der lange Weg zum neuen Tarifvertrag

Im ersten Schritt wird der laufende Tarifvertrag durch einen der beiden Tarifpartner gekündigt. Das ist i.d.R. die Gewerkschaft, da sie an einer Verbesserung der Arbeitsbedingungen interessiert ist.

Nun kommen die beiden Tarifvertragsparteien zusammen, um einen neuen Tarifvertrag auszuhandeln. Gelingt es nicht, eine Einigung zu erzielen, kann jede Partei das Scheitern der Verhandlungen erklären. Ist dies der Fall, wird das Allgemeine Schlichtungsverfahren eingeleitet.

Die Schlichtungsstelle ist mit Vertretern beider Seiten besetzt, die zusammen mit einem neutralen Vorsitzenden einen Einigungsvorschlag erarbeiten sollen. Wird der Einigungsvorschlag abgelehnt, gilt die Schlichtung als gescheitert.

Die Gewerkschaft wird nun ihre Mitglieder per Urabstimmung befragen, ob sie für oder gegen einen Arbeitskampf (Streik) sind. Stimmen mindestens 75 % der Mitglieder für einen Streik, kann die Gewerkschaft zu diesem Mittel greifen. Die Löhne und Gehälter der streikenden Mitarbeiter werden aus der Streikkasse, d.h. von den Gewerkschaftsbeiträgen der Mitglieder bezahlt. Auf den Streik können die Arbeitgeber mit der Aussperrung reagieren. Das heißt, Arbeitnehmern, die sich nicht am Streik beteiligen, wird der Zugang zu ihren Arbeitsplätzen verweigert. Die entstehenden Lohn- und Gehaltseinbußen müssen ebenfalls aus der Streikkasse bezahlt werden. Parallel zu den Arbeitskampfmaßnahmen werden Verhandlungen zwischen den Tarifvertragsparteien geführt. Sie zielen auf eine Beendigung des Arbeitskampfes ab. In dieser Phase wird häufig das besondere Schlichtungsverfahren eingeleitet, das also im Gegensatz zum allgemeinen Schlichtungsverfahren während der Arbeitskampfmaßnahmen stattfindet.

Der Einigungsvorschlag der Schlichtungsstelle wird nun den Gewerkschaftsmitgliedern per zweiter Urabstimmung zur Annahme vorgelegt. Stimmen mindestens 25 % der Gewerkschaftsmitglieder für den Vorschlag, kommt ein neuer Tarifvertrag zustande. Kommt der Prozentsatz nicht zustande, wird weiter gestreikt und neu verhandelt.

Lernsituation 15

# Tarifverhandlungen führen

**Personalprozesse**

## Lernsituation:

## Arbeitsaufträge:

1. Übernehmen Sie als Verhandlungsführer die Aufgabe, die Tarifverhandlung zu führen. Bilden Sie hierzu 4 Arbeitsgruppen und setzen Sie sich als Gruppe mit der Position der Gewerkschaften bzw. des Arbeitgeberverbandes auseinander. Bestimmen Sie 2 Gruppenmitglieder, die die Tarifverhandlung bestreiten. Die übrigen Gruppenmitglieder haben die Aufgabe, die beiden Verhandlungsrunden mithilfe der zur Verfügung stehenden Auswertungsbögen aufmerksam zu beobachten.

| Tarifverhandlung 1 | |
|---|---|
| **Arbeitnehmerverband**<br>Herr Meyer<br>& Frau Berg | **Arbeitgeberverband**<br>Herr Klein<br>& Frau Schwan |
| **Gruppe 1**<br>**(2 Vertreter)** | **Gruppe 2**<br>**(2 Vertreter)** |

danach

| Tarifverhandlung 2 | |
|---|---|
| **Arbeitnehmerverband**<br>Herr Meyer<br>& Frau Berg | **Arbeitgeberverband**<br>Herr Klein<br>& Frau Schwan |
| **Gruppe 3**<br>**(2 Vertreter)** | **Gruppe 4**<br>**(2 Vertreter)** |

Bereiten Sie sich auf die Tarifverhandlung vor, indem Sie insbesondere folgende Aspekte berücksichtigen:

- Welche Forderungen wollen Sie in der Tarifverhandlung stellen?
- Was wollen Sie mindestens erreichen?
- Wie groß sind Ihre Spielräume?
- Welche Argumente wollen Sie ins Feld führen?
- Wie wird die Gegenseite wohl argumentieren?

Ergebnis Tarifverhandlung 1

| Verhandlungspunkte | Vorher | Nachher |
|---|---|---|
| Löhne & Gehälter | 100 % | |
| Arbeitszeit | 38 h/Woche | |

Ergebnis Tarifverhandlung 2

| Verhandlungspunkte | Vorher | Nachher |
|---|---|---|
| Löhne & Gehälter | 100 % | |
| Arbeitszeit | 38 h/Woche | |

2. Jeder Tarifvertrag hat vielfältige Auswirkungen auf die gesamtwirtschaftliche Entwicklung. Sind Lohn- und Gehaltserhöhungen gleichzeitig mit einer Verlängerung der Arbeitszeit und/oder auch einer Verringerung der Urlaubstage verbunden, ist eine Bewertung schwierig. Gehen Sie daher aus Vereinfachungsgründen davon aus, dass sich der Arbeitnehmerverband mit seiner Lohn- und Gehaltsforderung von 6 % durchsetzen konnte und die bisherige wöchentliche Arbeitszeit sowie die Zahl der Urlaubstage beibehalten werden. Beschreiben Sie die kurz- und langfristigen Auswirkungen dieses Tarifabschlusses anhand der folgenden Kennzahlen:

| Lohn- und Gehaltserhöhung | + 6 % |
|---|---|

| Kennzahlen | Kurzfristige Auswirkungen | | Langfristige Auswirkungen | |
|---|---|---|---|---|
| | ↑ / ↓ / - | Erläuterung | ↑ / ↓ / - | Erläuterung |
| Preise | | | | |
| Kaufkraft | | | | |
| Arbeits-losenquote | | | | |
| Steuer-einnahmen | | | | |
| Exporte | | | | |
| Importe | | | | |
| Wettbewerbs-fähigkeit | | | | |

## Info 1: Rollenkarte – Verhandlungsführer der Gewerkschaft

# Rollenkarte: Verhandlungsführer der Gewerkschaft

**Gruppe 1 & 3**

+

Herr Meyer Frau Berg

Informationen:

- Die Gewerkschaft fordert für die Beschäftigten in der holzverarbeitenden Industrie eine **Lohn- und Gehaltserhöhung** in Höhe von 6 %. Hinweis: Verzichten Sie bitte aus Vereinfachungsgründen in der Tarifverhandlung auf die Forderung nach Gewinnbeteiligungen oder Einmalzahlungen.
- Ein von der Gewerkschaft in Auftrag gegebenes Gutachten geht im kommenden Jahr von einer **Produktivitätssteigerung** von 3 % aus. Die **Inflationsrate** wird im gleichen Zeitraum vermutlich um 2 % liegen.
- Die Gewerkschaft lehnt die vom Arbeitgeberverband geforderte **Arbeitszeitverlängerung** von derzeit 38 h/Woche auf 41 h/Woche ohne Lohnausgleich ab.
- Das von der Gewerkschaft in Auftrag gegebene **Gutachten** schätzt hingegen die in den Manteltarifverträgen vereinbarte Arbeitszeit aufgrund des zunehmenden globalen Wettbewerbsdrucks als arbeitsplatzgefährdend ein. Der Vorschlag der Gutachter lautet daher, die Arbeitszeit auf 40 h je Woche ohne Lohnausgleich zu verlängern.
- Die Gewerkschaft strebt grundsätzlich eine Einigung mit dem Arbeitgeberverband an, da die Kosten, die ein Streik mit sich bringen würde, aufgrund sinkender Mitgliederzahlen nur schwer zu tragen wären. Falls das Verhandlungsergebnis jedoch in keinster Weise Ihrer Vorstellung entspricht, können Sie die Tarifverhandlungen für gescheitert erklären und Ihre Mitglieder per Urabstimmung zum Streik aufrufen.

## Stichworte für die Argumentation

## Info 2: Rollenkarte – Verhandlungsführer des Arbeitgeberverbandes

### Rollenkarte: Verhandlungsführer des Arbeitgeberverbandes

**Gruppe 2 & 4**

\+

Herr Klein Frau Schwan

Informationen:

- Der Arbeitgeberverband möchte **Lohn- und Gehaltserhöhungen** über der Inflationsrate nach Möglichkeit vermeiden. Hinweis: Verzichten Sie bitte aus Vereinfachungsgründen in der Tarifverhandlung auf das Angebot von Gewinnbeteiligungen oder Einmalzahlungen.
- Ein vom Arbeitgeberverband in Auftrag gegebenes Gutachten geht im kommenden Jahr von einer **Produktivitätssteigerung** von 2,5 % bis 3 % aus. Die **Inflationsrate** wird im gleichen Zeitraum vermutlich 1,5 % betragen.
- Der Arbeitgeberverband möchte eine **Arbeitszeitverlängerung** von derzeit 38 h je Woche auf 41 h je Woche ohne Lohnausgleich durchsetzen.
- Das vom Arbeitgeberverband in Auftrag gegebene **Gutachten** schätzt die in den Manteltarifverträgen vereinbarte Arbeitszeit aufgrund des zunehmenden globalen Wettbewerbsdrucks als extrem arbeitsplatzgefährdend ein. Der Vorschlag der Gutachter lautet daher: Arbeitszeitverlängerung auf 41 h je Woche ohne Lohnausgleich.
- Dem Arbeitgeberverband ist sehr an einer Einigung mit dem Arbeitnehmerverband gelegen. Die mit einem Streik verbundenen Produktionsausfallkosten wären immens. Falls das Verhandlungsergebnis jedoch in keinster Weise Ihren Vorstellungen entspricht, können Sie die Verhandlungsrunde abbrechen.

### Stichworte für die Argumentation

**Info 3: Auswertungsbogen „Beobachtungen"**

# Auswertungsbogen

**Tarifverhandlung 1**

Gewerkschaft vs.
Arbeitgeberverband

| Was hat Ihnen gut gefallen? | Was könnte man besser machen? |
|---|---|
| | |

**Tarifverhandlung 2**

Gewerkschaft vs.
Arbeitgeberverband

| Was hat Ihnen gut gefallen? | Was könnte man besser machen? |
|---|---|
| | |



13 Merkur-Nr. 1022

Lernsituation 16

# Mitarbeiterbeurteilung

**Personal-prozesse**

## Lernsituation:

Herr Weber, lange Jahre Abteilungsleiter im Einkauf, wird aus Altersgründen zum Jahresende aus dem Unternehmen ausscheiden. Entsprechend der Tradition der BüroTec GmbH sollen Führungspositionen mit eigenen Mitarbeitern besetzt werden. Frau Saalfeld und Herr Weber haben sich eigens dafür zusammengesetzt und besprechen gemeinsam die Neubesetzung seiner Position.

**Frau Saalfeld:** Herr Weber, haben Sie denn bereits einen würdigen Nachfolger im Auge?

**Herr Weber:** Ich dachte an Herrn Funk oder Frau Metz aus meiner Abteilung. Beide habe ich bereits angesprochen. Sie zeigten sich sehr interessiert an der Abteilungsleiterposition.

**Frau Saalfeld:** Damit habe ich auch gerechnet. Und, wen halten Sie für geeigneter?

**Herr Weber:** Das kann ich so spontan nicht sagen, aber ich habe die beiden ja über einige Zeit hinweg beobachtet und mir dazu Notizen gemacht.

**Frau Saalfeld:** Ich gebe Ihnen schon mal zwei Personalbeurteilungsbogen mit. Wenn Sie die bitte mithilfe Ihrer Beobachtungen ausfüllen würden. Unsere Geschäfts-führung möchte so schnell wie möglich wissen, welchen Mitarbeiter Sie sich als Ihren Nachfolger vorstellen können.

## Arbeitsaufträge:

1. Beschreiben Sie, welche Vor- und Nachteile damit verbunden sind, den neuen Einkaufsabteilungsleiter aus den eigenen Reihen zu besetzen.

| **Interne Stellenbesetzung (Leitungsposition)** | |
|---|---|
| **Vorteile** | **Nachteile** |
| | |
| | |
| | |
| | |
| | |

2. Nennen Sie geeignete Beurteilungskriterien für die Besetzung der Stelle des Einkaufsabteilungsleiters.

| **Beurteilungskriterien** | |
|---|---|
| | |
| | |
| | |
| | |

3. In der heutigen Zeit spielen Kriterien wie Teamfähigkeit und Einsatzbereitschaft eine große Rolle. Erläutern Sie, was konkret in beiden Fällen gemeint ist.
4. Gehen Sie anstelle von Herrn Weber die Beobachtungsnotizen (Info 1 und 2) durch und füllen Sie auf dieser Grundlage die beigefügten Personalbeurteilungsbogen aus (Info 3). Fällen Sie anschließend eine begründete Entscheidung, welcher Mitarbeiter zum Abteilungsleiter befördert werden soll. Beachten Sie dabei bitte folgende Vorgehensweise: Wenn ein Vorgesetzter zwei oder mehr Mitarbeiter zugleich beurteilen muss, ist es ratsam, zunächst alle Mitarbeiter zu einem Kriterium zu beurteilen und dann erst mit dem nächsten Kriterium zu beginnen.

Judith Metz
- 29 Jahre
- ledig
- keine Kinder

Jan Funk
- 31 Jahre
- verheiratet
- keine Kinder

5. Nicht wenige Fachleute sind der Meinung, dass eine objektive Beurteilung von Mitarbeitern so gut wie nicht möglich ist. Nehmen Sie zu dieser Ansicht begründet Stellung.
6. Geben Sie an, wo die Leistungsbeurteilungen abgelegt werden.
7. Nennen Sie neben den Beförderungen weitere Gründe für Beurteilungen.

| **Gründe für Beurteilungen** |
|---|
| |
| |
| |
| |

**Info 1: Beobachtungsnotizen betreffend Herrn Funk**

# BüroTec GmbH

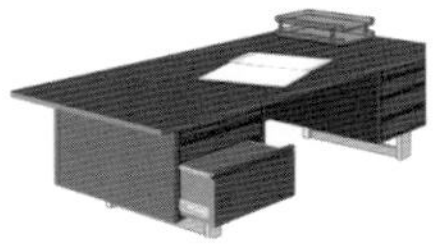

## Beobachtungen

**von:** Jakob Weber (Abteilungsleiter im Einkauf)

**bezüglich:** Jan Funk (Einkaufssachbearbeiter – Bereich Holz)

**Zeitraum:** 05.09.X1 bis 02.09.X2

**Notizen:**

**05.09.X1:** Auf den Abteilungskonferenzen kann Herr Funk zu allen Fragen, die seinen Bereich betreffen, ausführlich Stellung nehmen. Seine Kenntnisse im Holzbereich sind als überaus detailliert zu bezeichnen.

**17.11.X1:** Bei seiner täglichen Aufgabenbewältigung zeigt Herr Funk, dass er in der Lage ist, die Standardsoftware (Word, Excel und PowerPoint) sinnvoll einzusetzen. Darüber hinaus nutzt Herr Funk erfolgreich die Möglichkeiten des Internets zur Bezugsquellenermittlung.

**03.01.X2:** Aufgrund der verstärkten Ökologieorientierung in unserem Unternehmen erhielt Herr Funk den Auftrag, die Entsorgung der Altmöbel zu organisieren. Er überzeugt dabei durch klare Zielformulierungen und planvolles Vorgehen.

**10.03.X2:** Herr Funk erhielt den Auftrag, die Eignung der Just-in-time-Beschaffung für unser Unternehmen zu prüfen. Hierbei benötigt er kaum Hilfestellungen.

**20.04.X2:** Die von Herrn Funk durchgeführten Lieferantenbewertungen sind aufgrund seiner sorgfältigen Recherche stets einwandfrei.

**10.06.X2:** Herr Funk nimmt freiwillig an mehreren Weiterbildungsmaßnahmen zum Thema „Ökologische Beschaffung" teil, die in den Abendstunden oder an den Wochenenden stattfinden.

**14.07.X2:** Herr Funk soll zusammen mit zwei weiteren Mitarbeitern der Einkaufsabteilung untersuchen, ob in Zukunft verstärkt Materialien aus Osteuropa beschafft werden sollen. Im Rahmen dieser Zusammenarbeit kommt es zu großen Schwierigkeiten, da Herr Funk nur seine eigene Meinung gelten lässt und die Kompetenz der anderen infrage stellt. Er fällt seinen Kollegen ins Wort und geht auf deren Kritik oder Anregungen nicht ein.

**02.09.X2:** Bei einer Preisverhandlung mit einem langjährigen Lieferanten zeigt sich Herr Funk so ungeduldig, dass der Lieferant uns mit seinen Preisen weniger als erhofft entgegengekommen ist.

**Info 2: Beobachtungsnotizen betreffend Frau Metz**

# BüroTec GmbH

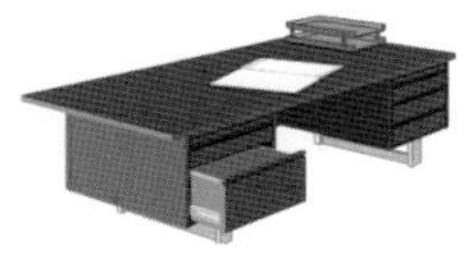

## Beobachtungen

**von:** Jakob Weber (Abteilungsleiter im Einkauf)

**bezüglich:** Judith Metz (Einkäuferin – Bereich Kunststoff)

**Zeitraum:** 05.09.X1 bis 02.09.X2

**Notizen:**

**05.09.X1:** In Gesprächen zeigt sich, dass Frau Metz über ein solides Grundlagenwissen verfügt. Ihre Kenntnisse im Bereich Kunststoffe sind gut.

**02.12.X1:** Wie ihre tägliche Arbeit zeigt, ist Frau Metz in der Anwendung der Standardsoftware (Word, Excel und PowerPoint) sicher.

**03.01.X2:** Frau Metz wird beauftragt, eine Qualitätsprüfung bei einem unserer Kunststofflieferanten zu organisieren. Sie geht hierbei planvoll vor, zeigt jedoch geringfügige Schwächen hinsichtlich der Zeiteinteilung.

**05.03.X2:** Frau Metz soll einen Vortrag über Kostensenkungsmaßnahmen im Beschaffungsbereich erarbeiten und versichert sich dabei häufig durch Rückfragen bei mir.

**08.04.X2:** Die von Frau Metz durchgeführten Lieferantenbewertungen sind in der Regel einwandfrei. Vor einigen Wochen beurteilte sie jedoch einen Lieferanten aufgrund einer oberflächlichen Recherche zu positiv, woraufhin bestimmte Kunststoffteile zu spät geliefert wurden.

**13.06.X2:** Frau Metz nimmt mit regem Interesse an einer am Wochenende stattfindenden Weiterbildungsveranstaltung zum Thema „Neue Märkte in Südostasien“ teil.

**23.07.X2:** Frau Metz soll mit zwei weiteren Kollegen aus der Beschaffungsabteilung einen Beitrag zum Thema „Qualitätssicherung im Beschaffungsbereich“ erstellen. Frau Metz zeigt sich dabei den Kollegen gegenüber als außergewöhnlich hilfsbereit und macht sämtliche von ihr beschafften Informationen allen zugänglich.

**08.08.X2:** Frau Metz zeigt sich in Lieferantenverhandlungen außergewöhnlich geschickt. Ihre freundliche Art und ihre äußerst überzeugende Argumentation tragen entschieden dazu bei, dass sich der Lieferant auf Preisverhandlungen einlässt und dass er schließlich die Preise um 10% senkt.

## Info 3: Personalbeurteilungsbogen

**Arbeitshinweise:**

1. **Gewichtung: sehr wichtig = 3 Punkte; wichtig = 2 Punkte; weniger wichtig = 1 Punkt; nicht wichtig = 0 Punkte**
2. **Beurteilung: sehr gut = 3 Punkte; gut = 2 Punkte; weniger gut = 1 Punkt; schlecht = 0 Punkte**
3. **Gewichten Sie Ihre Beurteilung, indem Sie die Beurteilung mit der Gewichtung multiplizieren**

### Leistungsbeurteilung – BüroTec GmbH

- streng vertraulich -

| | | | |
|---|---|---|---|
| Name | *Funk* | Personalnr. | *2531* |
| Vorname | *Jan* | Tätigkeit | *Einkaufssachbearbeiter (Holz)* |
| Geburtsdatum | *03.06.19..* | Grund | *Beförderung zum Abteilungsleiter* |
| Familienstand | *verheiratet, keine Kinder* | Beurteilungszeitraum | *05.09.X1 bis 02.09.X2* |

| **Beurteilungskriterien** | **Gewichtung** | **Beurteilung** | **Gewichtete Beurteilung** |
|---|---|---|---|
| | | | |
| | | | |
| | | | |
| | | | |
| | | | |
| | | | |
| | | | |
| | | | |
| | | **Punktzahl** | |

Datum     Beurteilender Vorgesetzter

### Leistungsbeurteilung – BüroTec GmbH

- streng vertraulich -

| | | | |
|---|---|---|---|
| Name | *Metz* | Personalnr. | *2532* |
| Vorname | *Judith* | Tätigkeit | *Einkaufssachbearbeiter (Kunststoff)* |
| Geburtsdatum | *08.10.19..* | Grund | *Beförderung zum Abteilungsleiter* |
| Familienstand | *ledig, keine Kinder* | Beurteilungszeitraum | *05.09.X1 bis 02.09.X2* |

| **Beurteilungskriterien** | **Gewichtung** | **Beurteilung** | **Gewichtete Beurteilung** |
|---|---|---|---|
| | | | |
| | | | |
| | | | |
| | | | |
| | | | |
| | | | |
| | | | |
| | | | |
| | | **Punktzahl** | |

Datum     Beurteilender Vorgesetzter

Welcher Mitarbeiter bzw. welche Mitarbeiterin soll zum Abteilungsleiter befördert werden?

| |
|---|
| |

Lernsituation 17

# Personalcontrolling

**Personalprozesse**

## Lernsituation:

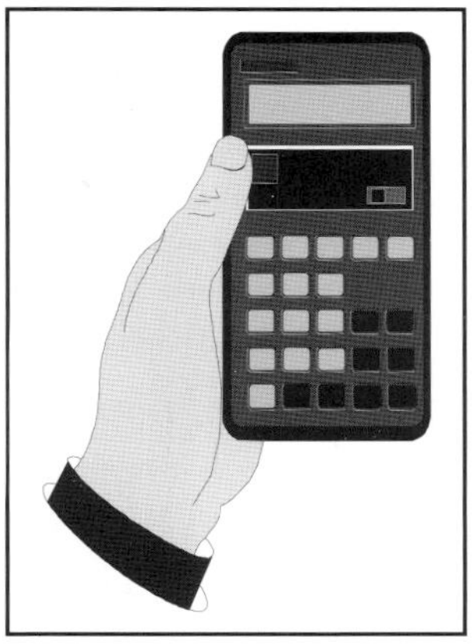

Herr Mischke, kaufmännischer Leiter der BüroTec GmbH, läuft sichtbar aufgebracht mit einem Stapel Unterlagen unter dem Arm durchs Haus und betritt wenige Minuten später das Büro von Frau Saalfeld. Frau Saalfeld sieht überrascht auf, so kennt sie Herrn Mischke gar nicht.

**Herr Mischke:** Guten Morgen, Frau Saalfeld, in letzter Zeit melden sich ja auffällig viele Mitarbeiter krank. Außerdem sollen sich einige Mitarbeiter recht unzufrieden über ihre Arbeit bei der BüroTec GmbH geäußert haben. Was ist denn da los?

**Frau Saalfeld:** Nun, was die Krankmeldungen angeht, macht es tatsächlich den Eindruck, als würden sie zunehmen. Mir liegen allerdings keine Vergleichszahlen aus dem Vorjahr vor, sodass ich zu dem Punkt keine genaueren Angaben machen kann.

**Herr Mischke:** Und was die unzufriedenen Mitarbeiter angeht?

**Frau Saalfeld:** Also, hinter vorgehaltener Hand hört man schon so einiges, aber ob es sich um Einzelstimmen oder die Mehrheit der Mitarbeiter handelt, ist schwer zu sagen.

**Herr Mischke:** Kennen Sie denn die Gründe, die ins Feld geführt werden?

**Frau Saalfeld:** Genau das ist das Problem. Irgendwie will keiner so richtig mit der Sprache heraus.

**Herr Mischke:** Frau Saalfeld, so geht das nicht weiter. Wir tappen ja völlig im Dunkeln. Sie hatten doch vor einigen Monaten die Idee, den Controlling-Gedanken, mit dem wir ja in der Beschaffung und in der Produktion gute Erfahrungen gemacht haben, auch auf den Personalbereich zu übertragen.

**Frau Saalfeld:** Richtig, Herr Mischke. Wir sollten den Problemen systematisch auf den Grund gehen. Wenn Sie möchten, unterbreite ich Ihnen nächste Woche einen Vorschlag bezüglich eines aussagekräftigen Personalcontrollings.

**Herr Mischke:** Gut, Frau Saalfeld. Sie wissen ja, leistungsbereite und leistungsfähige Mitarbeiter sind die Voraussetzung für den Erfolg unseres Unternehmens. Wir sehen uns dann nächste Woche.

## Arbeitsaufträge:

1. Frau Saalfeld hat sich im Rahmen des Personalcontrollings (siehe Info 2) dazu entschieden, ein Kennzahlensystem zu entwickeln. Hierbei hat sie Kennzahlen ausgewählt, die ihr im Zusammenhang mit den oben angeführten Problemen bedeutsam erscheinen. Ermitteln Sie im Rahmen des Personalcontrollings sowohl für das abgelaufene Geschäftsjahr (Jahr X2) und das Vorjahr (Jahr X1) folgende Personalkennzahlen und tragen Sie diese in die entsprechende Spalte ein. Bitte runden Sie auf zwei Stellen hinter dem Komma auf.

   1.1 Fluktuationsrate
   1.2 Krankheitsquote
   1.3 Verbesserungsvorschlagsquote je Mitarbeiter
   1.4 Weiterbildungszeit je Mitarbeiter
   1.5 Erfolgsbeteiligung je Mitarbeiter
   1.6 Überstundenquote
   1.7 Arbeitszufriedenheitsquote

| Kennzahlen | Jahr X1 | Jahr X2 | Ergebnis des Vergleichs in % |
|---|---|---|---|
| Fluktuationsrate | | | |
| Krankheitsquote | | | |
| Verbesserungsvorschläge je Mitarbeiter | | | |
| Weiterbildungszeit je Mitarbeiter | | | |
| Erfolgsbeteiligung je Mitarbeiter | | | |
| Überstundenquote | | | |
| Arbeitszufriedenheitsquote | | | |

| Fazit | |
|---|---|

2. Vergleichen Sie die Ergebnisse der BüroTec GmbH mit den Durchschnittswerten der Büromöbelbranche.

| Kennzahlen | Branche X2 | Ergebnis des Vergleichs in Prozentpunkten |
|---|---|---|
| Fluktuationsrate | | |
| Krankheitsquote | | |
| Verbesserungsvorschläge je Mitarbeiter | | |
| Weiterbildungszeit je Mitarbeiter | | |
| Erfolgsbeteiligung je Mitarbeiter | | |
| Überstundenquote | | |
| Arbeitszufriedenheitsquote | | |

| Fazit | |
|---|---|

3. Begründen Sie, worauf die Werte bezüglich Fluktuationsrate, Krankheitsquote und Arbeitszufriedenheit zurückzuführen sein könnten.

4. Nennen Sie konkrete Möglichkeiten, die Motivation und damit die Arbeitszufriedenheit der Mitarbeiter zu erhöhen.

5. Die BüroTec GmbH hat bei der Umsetzung des Controlling-Gedankens zum einen aktuelle Werte mit Werten aus der Vergangenheit verglichen und zum anderen einen Branchenvergleich durchgeführt. Erläutern Sie, wie die BüroTec GmbH zukünftig verfahren sollte, um dem Controlling-Aspekt der Lenkung und Steuerung noch stärker Rechnung zu tragen.

6. Erklären Sie, warum ein Branchenvergleich u.U. nur schwer zu bewerkstelligen ist.

7. Erläutern Sie, warum viele Unternehmen eine hohe Überstundenquote Neueinstellungen vorziehen.

8. Nennen Sie mögliche Gründe für die geringe Weiterbildungszeit je Mitarbeiter.

9. Stellen Sie einen möglichen Bezug zwischen der Arbeitszufriedenheit und der Krankheitsquote her.

10. Begründen Sie, warum Stärken-Schwächen-Analysen im Rahmen von Leistungsbeurteilungen sowie Mitarbeitergespräche zu den Instrumenten eines modernen Personalcontrollings zählen.

11. Die Belegschaft der BüroTec GmbH besteht aus 10 % Führungskräften mit abgeschlossenem Studium, 50 % Fachkräften mit abgeschlossener Berufsausbildung und 40 % angelernten Hilfskräften. Untersuchungen haben ergeben, dass erfolgreichere Wettbewerber prozentual mehr Mitarbeiter mit abgeschlossenem Studium bzw. abgeschlossener Berufsausbildung beschäftigen. Erläutern Sie, welche Möglichkeiten Sie sehen, die suboptimale Qualifikationsstruktur der BüroTec GmbH zu verbessern.

12. Beschreiben Sie mithilfe der folgenden Übersicht den Controllingprozess anhand von Kennzahlen.

**Prozess des Personalcontrollings**

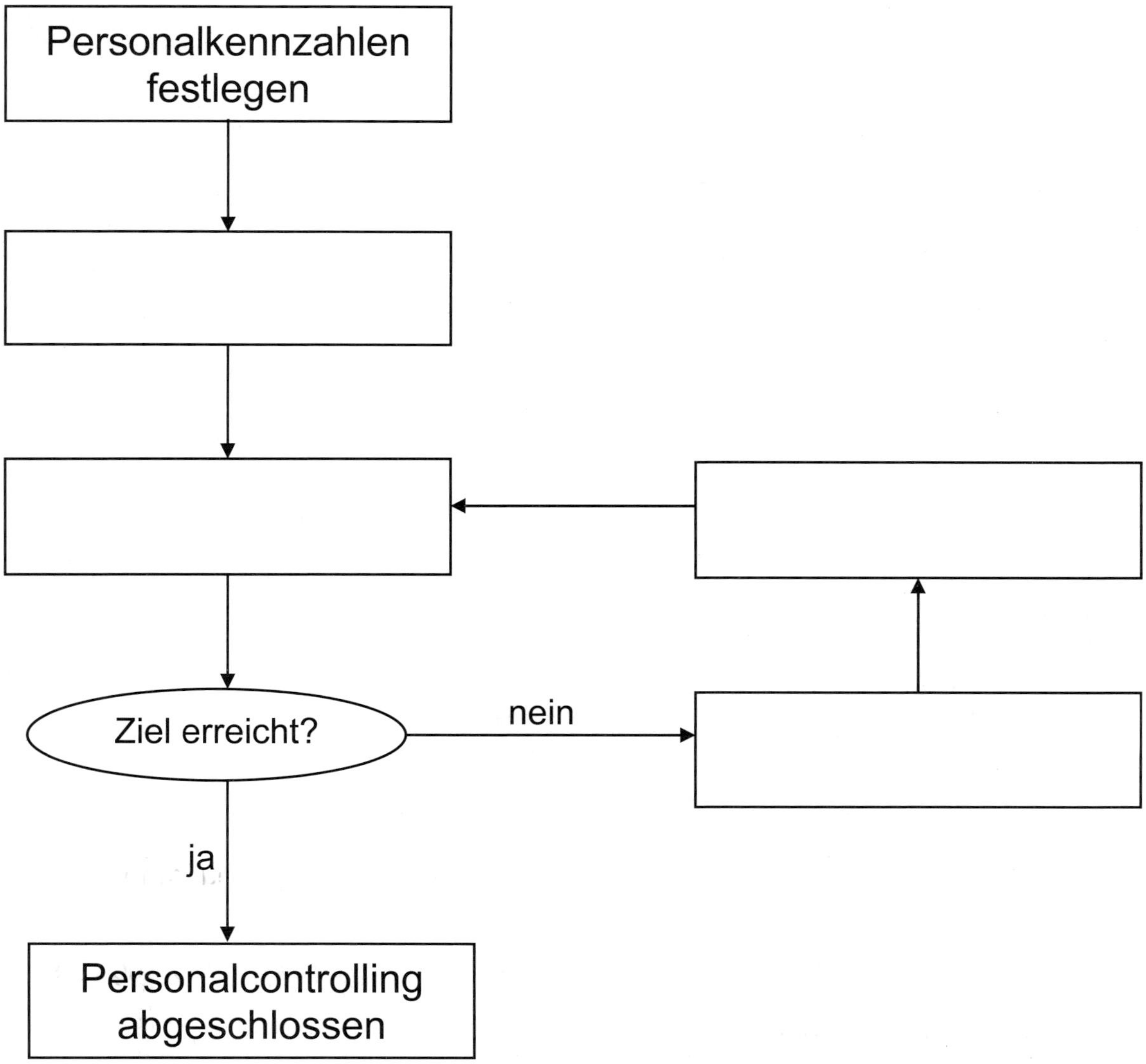

## Info 1: Interne Mitteilungen

# BüroTec GmbH

## Interne Mitteilung

**an:** Frau Saalfeld

**von:** Marc Krug
**Abteilung:** Personal
**Datum:** 15.01.X3
**Zeichen:** kru

**Informationen Personal**

Die durchschnittliche Zahl der Mitarbeiter betrug im Jahr X2 einhundertfünfzig Mitarbeiter, zehn Mitarbeiter mehr als im Jahr X1. Im Jahr X1 haben 4 Mitarbeiter gekündigt. Im Jahr X2 hat sich die Zahl der Kündigungen von Seiten unserer Mitarbeiter verdoppelt. Auch bezüglich der Krankentage ist ein Anstieg zu beobachten. Während im Jahr X1 insgesamt 1800 Krankheitstage zu Buche standen, ist die Zahl der Krankheitstage im Jahr X2 um 40 % gestiegen. In beiden Jahren wurden jeweils 46 Wochen an 5 Tagen je Woche gearbeitet. Die tägliche Arbeitszeit betrug 8 Stunden. Hinsichtlich der Weiterbildungsaktivitäten unserer Mitarbeiter ist zu sagen, dass im Jahr X1 insgesamt 1000 Tage zur Weiterbildung genutzt wurden. Im Jahr X2 ist die Zahl auf 900 Tage gesunken. Beide Zahlen beziehen sich auf Weiterbildungen während der regulären Arbeitszeit. Weiterbildungen außerhalb der Arbeitszeit wurden bislang von unserer Seite nicht erfasst. Im Jahr X1 wurden insgesamt 180.000,00 € Erfolgsbeteiligungen ausgeschüttet. Der Rückgang im Jahr X2 um 20 % ist auf eine Entscheidung der Geschäftsführung zurückzuführen. Im Jahr X1 haben die Mitarbeiter insgesamt 200 Verbesserungsvorschläge eingereicht, im Jahr X2 war hingegen ein Rückgang um 10 % zu verzeichnen. Im Jahr X2 sind aufgrund des hohen Auftragsvolumens insgesamt 12.000 Überstunden angefallen, 4.000 Überstunden mehr als im Vorjahr.

# BüroTec GmbH

## Interne Mitteilung

**an:** Frau Saalfeld

**von:** Linda Hege
**Abteilung:** Marketing
**Datum:** 14.01.X3
**Zeichen:** he

**Informationen Büromöbelmarkt**

Der Bundesverband der Büromöbelindustrie hat im Geschäftsbericht X2 folgende Zahlen veröffentlicht: In vergleichbaren mittelständischen Unternehmen liegt die Fluktuationsrate bei 2 %, die Krankheitsquote bei 5 %, die Verbesserungsvorschlagsquote je Mitarbeiter bei 1,5 Vorschlägen, die Weiterbildungszeit je Mitarbeiter bei 8 Tagen, die Erfolgsbeteiligung je Mitarbeiter bei 1.200,00 € und die Überstundenquote bei 3 %. Vergleichsdaten zur Arbeitszufriedenheit liegen leider nicht vor.

**Informationen Arbeitszufriedenheit**

Die von Ihnen in Auftrag gegebene Mitarbeiterbefragung zum Thema Arbeitszufriedenheit hat folgendes Ergebnis ergeben:

Von 150 Mitarbeiter waren

010 Mitarbeiter sehr zufrieden,
090 Mitarbeiter zufrieden,
045 Mitarbeiter weniger zufrieden und
005 Mitarbeiter nicht zufrieden

mit den Arbeitsbedingungen (Tätigkeit, Kommunikation, Informationsfluss etc.) bei der BüroTec GmbH.

## Info 2: Auszug aus dem 1 x 1 des Personalmanagements

# P

**1 x 1 des Personalmanagements**

## Personalcontrolling

Der Controlling-Begriff leitet sich vom englischen „to control“ ab und kann mit Steuern, Lenken oder Kontrollieren übersetzt werden. Fälschlicherweise ist in vielen Köpfen die Vorstellung verankert, es handele sich um eine reine Kontrolltätigkeit. Der weitaus bedeutendere Aspekt der Unternehmenssteuerung wird vielfach vernachlässigt. Personalcontrolling hat als Querschnittsfunktion insbesondere die Aufgabe, alle personalwirtschaftlichen Entscheidungen zu optimieren.

Ein wesentliches Instrument des Personalcontrollings ist in der Verwendung von Kennzahlen zu sehen. Insbesondere durch Vergleiche mit Wettbewerbern oder auch zukunftsgerichtete Soll-Ist-Vergleiche ergeben sich wertvolle Hinweise für die Optimierung personalwirtschaftlicher Entscheidungen.

Grundsätzlich stehen dem Personalcontrolling weit über 70 Personalkennzahlen zur Verfügung. Aus Gründen der Übersichtlichkeit und des Kosten-Nutzen-Verhältnisses sollte jedes Unternehmen ein unternehmensspezifisches Kennzahlensystem schaffen, das den individuellen Bedürfnissen und Möglichkeiten Rechnung trägt.

Sind die Kennzahlen festgelegt, müssen im zweiten Schritt entsprechende Soll-Vorgaben formuliert werden. Anschließend ist die Ist-Situation zu erfassen. Im Falle von Abweichungen ist es nötig, die Ursachen zu erforschen und Gegenmaßnahmen zu planen. Nach Durchführung der Maßnahmen ist im Rahmen einer nochmaligen Erfassung der Ist-Situation zu prüfen, inwieweit die Maßnahmen dazu beigetragen haben, die Probleme zu mindern.

Im Folgenden sollen einige ausgewählte Personalkennzahlen[1] näher vorgestellt werden:

| | |
|---|---|
| Fluktuationsrate | $\frac{\text{Zahl der Personalabgänge x 100}}{\text{Ø Zahl der Mitarbeiter}}$ |
| Krankheitsquote | $\frac{\text{Zahl der Krankheitstage x 100}}{\text{Soll-Arbeitstage}}$ |
| Verbesserungsvorschläge je Mitarbeiter | $\frac{\text{Zahl der Verbesserungsvorschläge}}{\text{Ø Zahl der Mitarbeiter}}$ |
| Weiterbildungszeit je Mitarbeiter | $\frac{\text{Zahl der Weiterbildungstage}}{\text{Ø Zahl der Mitarbeiter}}$ |
| Erfolgsbeteiligung je Mitarbeiter | $\frac{\text{Aufwendungen für Erfolgsbeteiligungen in €}}{\text{Ø Zahl der Mitarbeiter}}$ |
| Überstundenquote | $\frac{\text{Zahl der Überstunden x 100}}{\text{Ø Zahl der Soll-Arbeitsstunden}}$ |

Neben den oben aufgeführten quantitativen Kennzahlen kommt in einem modernen Personalcontrolling qualitativen Kennzahlen, wie z.B. der Arbeitszufriedenheit, eine immer größere Bedeutung zu.

| | |
|---|---|
| Arbeitszufriedenheitsquote | $\frac{\text{Zahl der zufriedenen Mitarbeiter x 100}}{\text{Ø Zahl der Mitarbeiter}}$ |

Neben den Personalkennzahlen gehören unter anderem Stärken-Schwächen-Analysen im Rahmen von Leistungsbeurteilungen und auch Mitarbeitergespräche zum Instrumentarium des Personalcontrollings.

[1] Weitere Personalkennzahlen sind z.B. Netto-Personalbedarf, Ø Betriebszugehörigkeit, Unfallhäufigkeit, Ausbildungsquote, Personalkosten je Mitarbeiter.

| Lernsituation 18  | **Betriebsbedingte Kündigung** | **Personalprozesse** |
|---|---|---|

## Lernsituation:

Die BüroTec GmbH ist ein mittelständisches Industrieunternehmen, das sich auf die Produktion von modernen Büromöbeln konzentriert hat. Insgesamt beschäftigt die BüroTec GmbH 150 Mitarbeiter. Die anhaltend schlechte Konjunktur hat in der letzten Zeit zu gravierenden Auftragsrückgängen geführt. Aus diesem Grund bittet Herr Mischke, kaufmännischer Leiter der BüroTec GmbH, die Leiterin der Personalabteilung, Frau Saalfeld, zu sich, um die weitere Vorgehensweise zu besprechen.

**Herr Mischke:** Guten Morgen, Frau Saalfeld. Sie können sich sicherlich denken, weswegen ich Sie zu mir gebeten habe.

**Frau Saalfeld:** Ich fürchte ja, Herr Mischke. Sie möchten mit mir über den bevorstehenden Personalabbau sprechen. Ist das denn wirklich unvermeidbar?

**Herr Mischke:** Uns wird nichts anderes übrig bleiben. Wie Sie wissen, ist es uns gelungen, die Kosten durch die Einführung von Kurzarbeit und andere Maßnahmen zu senken. Das allein reicht aber nicht. Da eine betriebsinterne Versetzung ebenso wenig infrage kommt, müssen wir einen Mitarbeiter aus der Buchhaltung entlassen. Ich habe hier eine Liste mit den vier in der Buchhaltung beschäftigten Mitarbeitern.

**Frau Saalfeld:** Auf den ersten Blick kann ich Ihnen jetzt aber nicht sagen, welcher Mitarbeiter infrage kommt.

**Herr Mischke:** Das habe ich auch nicht erwartet. Aber prüfen Sie doch bitte die rechtliche Situation und sagen Sie mir, von welchem der vier Mitarbeiter wir uns trennen sollen.

**Frau Saalfeld:** Keine leichte Aufgabe, Herr Mischke, aber ich werde Ihnen einen entsprechenden Vorschlag unterbreiten.

## Arbeitsaufträge:

1. Erarbeiten Sie auf der Grundlage der gesetzlichen Vorschriften (siehe Info 1) einen begründeten Vorschlag, welchem Mitarbeiter bzw. welcher Mitarbeiterin (siehe Info 2) Sie kündigen würden. Nutzen Sie hierzu das zur Verfügung stehende Formular (Info 3).
2. Sie haben sich nach intensiven Überlegungen dazu durchgerungen, Herrn/Frau XY zu kündigen. Erläutern Sie, wie Sie nun vorgehen müssen.
3. Nehmen Sie an, die Voraussetzungen zur Kündigung des betreffenden Mitarbeiters sind gegeben und die betriebsbedingte Kündigung soll, ausgehend vom 21.09.20.., zum nächstmöglichen Termin erfolgen.
   - 3.1 Geben Sie die Dauer der Kündigungsfrist des Mitarbeiters an. 4 Mon.
   - 3.2 Nennen Sie das Datum, an welchem dem Mitarbeiter das Kündigungsschreiben spätestens vorliegen muss. spätestens zum 30.09.
   - 3.3 Ermitteln Sie, wann der Mitarbeiter seinen letzten Arbeitstag hat. Ende Januar
   - 3.4 Begründen Sie, wie Sie dem betreffenden Mitarbeiter die Kündigung mitteilen würden. pers. + schriftl.
4. Verfassen Sie ein angemessenes Kündigungsschreiben, das der Situation Rechnung trägt (Info 4).
5. Ergänzen Sie den Lückentext zum Thema „Betriebsbedingte Kündigungen" in Info 5.

## Info 1: Auszug aus dem 1 x 1 des Personalmanagements

# B

**1 x 1 des Personal-managements**

## Betriebsbedingte Kündigungen

Gemäß § 1 Kündigungsschutzgesetz (KSchG) müssen Kündigungen sozial gerechtfertigt sein. Sozial gerechtfertigt sind Kündigungen, die in der Person oder in dem Verhalten des Arbeitnehmers[1] liegen oder durch dringende betriebliche Erfordernisse bedingt sind. Als betriebsbedingte Gründe kommen u.a. in Betracht: Auftragsmangel, Umsatzrückgang, Rationalisierungsmaßnahmen und die Einführung neuer Fertigungsverfahren.

Der Arbeitgeber hat allerdings zu prüfen, ob nicht eine Weiterbeschäftigung in einem anderen Bereich möglich ist. Grundsätzlich ist zu beachten, dass eine betriebsbedingte Kündigung immer nur Ultima Ratio sein darf, also keine andere Möglichkeit in Betracht kommt.

Soll einem Arbeitnehmer aus dringenden betrieblichen Erfordernissen gekündigt werden, so muss der Arbeitgeber bei der Auswahl des Arbeitnehmers soziale Gesichtspunkte ausreichend berücksichtigen. Laut Kündigungsschutzgesetz (§ 1 Abs. 3 KSchG) sind dies folgende vier Kriterien[2]: Dauer der Betriebszugehörigkeit, Lebensalter, Unterhaltspflichten und ggf. eine vorhandene Schwerbehinderung des Arbeitnehmers. Das Kündigungsschutzgesetz kann betriebsbedingte Kündigungen nicht verhindern. Es kann nur die Kündigung eines bestimmten Mitarbeiters zu Ungunsten eines anderen Mitarbeiters verhindert werden. Mit Unterhaltspflichten sind die finanziellen Aufwendungen für Angehörige, wie z.B. den Ehepartner und/oder minderjährige Kinder, gemeint.

Die Leistung des Mitarbeiters darf bei betriebsbedingten Kündigungen nicht berücksichtigt werden. Allerdings hat der Arbeitgeber die Möglichkeit, diejenigen Personen von der sozialen Auswahl auszunehmen, deren Weiterbeschäftigung im berechtigten betrieblichen Interesse liegt. Hierbei muss es sich jedoch um wirkliche Leistungsträger handeln, die wegen ihrer besonderen Kenntnisse, Fähigkeiten und Leistungen von erheblichem betrieblichen Interesse sind. Darüber hinaus können auch Mitarbeiter von der sozialen Auswahl ausgenommen werden, die zur Sicherung einer ausgewogenen Personalstruktur des Betriebes gehalten werden sollen.

Zudem kann schwerbehinderten Mitarbeitern nur dann gekündigt werden, wenn die zuständige Behörde, in diesem Fall das Integrationsamt, zugestimmt hat (§ 85 SGB IX).

Neben den Schwerbehinderten genießen auch andere Personengruppen besonderen Kündigungsschutz. So ist die Kündigung von Betriebsräten gemäß § 15 KSchG unzulässig. Nach Beendigung der Amtszeit ist die Kündigung eines Mitglieds eines Betriebsrates innerhalb eines Jahres unzulässig. Für Jugend- und Auszubildendenvertreter, Arbeitnehmerinnen im Mutterschutz (auch wenn sie sich noch in der Probezeit befinden), Beschäftigte in Elternzeit sowie Auszubildende gelten ebenfalls besondere Kündigungsschutzregelungen.

Durch das Kündigungsschutzgesetz werden nur Arbeitnehmer geschützt, deren Arbeitsverhältnis länger als sechs Monate bestanden hat. Keinen Kündigungsschutz nach dem KSchG haben Arbeitnehmer, deren Arbeitsverhältnis vor dem 30.12.2003 begonnen hat, in Unternehmen, in denen regelmäßig nicht mehr als fünf Arbeitnehmer beschäftigt werden. In Unternehmen, in denen regelmäßig nicht mehr als zehn Arbeitnehmer beschäftigt werden, besteht kein Kündigungsschutz nach dem Kündigungsschutzgesetz für Arbeitnehmer, deren Arbeitsverhältnis nach dem 31.12.2003 begonnen hat. Das heißt, der volle Kündigungsschutz greift dann erst in Unternehmen mit mindestens 11 Arbeitnehmern. Auszubildende werden nicht mitgerechnet. Teilzeitbeschäftigte werden anteilsmäßig berücksichtigt. Beispielsweise werden Teilzeitbeschäftigte mit 20 Wochenstunden mit dem Faktor 0,5 berücksichtigt.

---

1 Gründe in der Person: z.B. langwierige Krankheit, häufige Kurzerkrankungen, mangelnde körperliche und geistige Eignung; Gründe in dem Verhalten: z.B. bewusst herbeigeführte Schlechtleistung, Verspätungen, Beleidigungen, Diebstahl, Verrat von Geschäftsgeheimnissen.

2 Die Reihenfolge der Kriterien stellt gleichzeitig eine Gewichtung dar. So ist gemäß der aktuellen Rechtsprechung die Dauer der Betriebszugehörigkeit bedeutsamer als das Alter des Mitarbeiters und das Alter des Mitarbeiters gewichtiger als die Unterhaltspflichten.

## Fortsetzung

Wie bei der verhaltensbedingten Kündigung muss gemäß § 102 Betriebsverfassungsgesetz (BetrVG) auch bei einer betriebsbedingten Kündigung der Betriebsrat angehört werden. Eine Kündigung ohne Anhörung des Betriebsrates ist unwirksam. Der Betriebsrat kann einer Kündigung zustimmen, Bedenken erheben oder Widerspruch einlegen. Hierbei ist die Schriftform vorgeschrieben.

Kündigt der Arbeitgeber dem Arbeitnehmer aus betriebsbedingten Gründen, kann sich der betroffene Arbeitnehmer wie bei der verhaltensbedingten Kündigung mithilfe einer Kündigungsschutzklage vor dem Arbeitsgericht zur Wehr setzen, auch wenn die Kündigung mit Zustimmung des Betriebsrates erfolgt ist. In der Zeit bis zur endgültigen Entscheidung des Arbeitsrichters bleibt die Kündigung bestehen, d.h., der Arbeitnehmer wird während des laufenden Verfahrens nicht weiterbeschäftigt.

Kündigt der Arbeitgeber dem Arbeitnehmer, obwohl der Betriebsrat Bedenken erhoben oder Widerspruch eingelegt hat, ergeben sich rechtlich gesehen unterschiedliche Situationen. Hat der Betriebsrat Bedenken erhoben und setzt sich der Arbeitnehmer mithilfe einer Kündigungsschutzklage zur Wehr, bleibt die Kündigung in der Zeit bis zur endgültigen Entscheidung bestehen, d.h., der Arbeitnehmer wird wie im obigen Fall während des laufenden Verfahrens nicht weiterbeschäftigt.

Anders verhält es sich, wenn der Betriebsrat Widerspruch eingelegt und der Arbeitnehmer eine Kündigungsschutzklage eingereicht hat. In diesem Fall ist die Kündigung bis zur endgültigen Entscheidung unwirksam, d.h., der Arbeitnehmer wird während des laufenden Verfahrens weiterbeschäftigt.

Der Arbeitnehmer muss die Kündigungsschutzklage bei dem Arbeitsgericht einreichen, in dessen Bezirk der Beklagte seinen Wohnsitz bzw. Geschäftssitz hat. Er braucht keinen Anwalt, sondern kann sich selbst vertreten oder sich durch seine Gewerkschaft vertreten lassen.

Soll ein Arbeitsverhältnis durch eine Kündigung beendet werden, so muss diese schriftlich verfasst werden. Das Kündigungsschreiben muss den Kündigungsgrund enthalten und es muss eindeutig hervorgehen, dass das Arbeitsverhältnis zu einem bestimmten Zeitpunkt beendet werden soll. Bei der Kündigung handelt es sich um eine empfangsbedürftige Willenserklärung, d.h., sie ist nur wirksam, wenn sie dem Vertragspartner fristgerecht zugeht. Aus diesem Grund wird das Kündigungsschreiben meist persönlich übergeben.

Grundsätzlich sind bei einer Kündigung gemäß § 622 BGB gesetzliche Kündigungsfristen einzuhalten. Daher spricht man von einer ordentlichen oder auch fristgerechten Kündigung. Diese Kündigungsfristen sind Mindestvorschriften, die jedoch durch Einzelarbeits- oder Tarifverträge verlängert werden können. Eine Verkürzung ist nur durch Tarifverträge möglich. Die Grundkündigungsfrist beträgt vier Wochen zum Fünfzehnten oder zum Ende eines Kalendermonats und gilt sowohl für Kündigungen durch den Arbeitgeber als auch für Kündigungen durch den Arbeitnehmer (Ausnahme: Während einer vereinbarten Probezeit, die für maximal sechs Monate vereinbart werden kann, kann das Arbeitsverhältnis mit einer Frist von zwei Wochen ohne Angabe eines Grundes gekündigt werden).

Bei längerer Betriebszugehörigkeit gelten für Kündigungen durch den Arbeitgeber verlängerte gesetzliche Kündigungsfristen:

| Betriebszugehörigkeit | Kündigungsfristen zum Monatsende |
|---|---|
| ab 2 Jahre | 1 Monat |
| ab 5 Jahre | 2 Monate |
| ab 8 Jahre | 3 Monate |
| ab 10 Jahre | 4 Monate |
| ab 12 Jahre | 5 Monate |
| ab 15 Jahre | 6 Monate |
| ab 20 Jahre | 7 Monate |

Bei Beendigung eines Arbeitsverhältnisses sind dem Arbeitnehmer u.a. folgende Arbeitspapiere auszuhändigen: Versicherungsnachweisheft, Arbeitszeugnis, Urlaubsbescheinigung und Arbeitsbescheinigung.

In größeren Unternehmen erhalten Mitarbeiter, denen betriebsbedingt gekündigt werden musste, meist eine Abfindung. Die Höhe der Abfindung wird in sogenannten Sozialplänen festgehalten. Hierbei handelt es sich i.d.R. um eine vertragliche Vereinbarung zwischen Arbeitgeber und Betriebsrat (Sonderform der Betriebsvereinbarung).

## Info 2: Interne Mitteilung

# BüroTec GmbH

## Interne Mitteilung

**an:** Frau Saalfeld

**von:** Paul Hinz
**Abteilung:** Personal
**Datum:** 08.09.20..
**Zeichen:** hi

**Auszug aus den Personalakten**

**Delal Bulut**

| | |
|---|---|
| **Alter:** | 34 Jahre |
| **Anschrift:** | Watzmannstr. 6, 47249 Duisburg |
| **Familienstand:** | ledig |
| **Kinder:** | keine |
| **Betriebszugehörigkeit:** | 5 Jahre |
| **Leistungen:** | zufriedenstellende Leistungen |
| **Besonderes:** | fehlt gelegentlich wegen Sportverletzungen; seit einem Jahr Betriebsrätin |

**Heinz Beckmann**

| | |
|---|---|
| **Alter:** | 50 Jahre |
| **Anschrift:** | Bergiusstr. 6, 47166 Duisburg |
| **Familienstand:** | verheiratet, Ehefrau nicht berufstätig |
| **Kinder:** | 2 Kinder im Alter von 15 und 16 Jahren |
| **Betriebszugehörigkeit:** | 20 Jahre |
| **Leistungen:** | zufriedenstellende Leistungen |
| **Besonderes:** | gelegentlich krank |

**Peter Wenzel**

| | |
|---|---|
| **Alter:** | 35 Jahre |
| **Anschrift:** | Franz-Ferdinand-Str. 16, 44549 Essen |
| **Familienstand:** | verheiratet, Ehefrau nicht berufstätig |
| **Kinder:** | 2 Kinder im Alter von 6 und 14 Jahren |
| **Betriebszugehörigkeit:** | 10 Jahre |
| **Leistungen:** | gute Leistungen |
| **Besonderes:** | nie krank; hohe psychische und finanzielle Belastung durch ein schwerbehindertes Kind |

**Petra Gores**

| | |
|---|---|
| **Alter:** | 28 Jahre |
| **Anschrift:** | Paul-Weller-Weg 22, 42766 Oberhausen |
| **Familienstand:** | ledig |
| **Kinder:** | keine |
| **Betriebszugehörigkeit:** | 3 Jahre |
| **Leistungen:** | sehr gute Leistungen |
| **Besonderes:** | selten krank, hat sich auf Wunsch des Unternehmens umfangreiche Spezialkenntnisse angeeignet, die für das Unternehmen von großer Bedeutung sind; wird als kommende Führungskraft angesehen |

## Info 3: Auswertungsformular

| | Mitarbeiterin 1<br>Delal<br>Bulut | Mitarbeiter 2<br>Heinz<br>Beckmann | Mitarbeiter 3<br>Peter<br>Wenzel | Mitarbeiterin 4<br>Petra<br>Gores |
|---|---|---|---|---|
| **Argumente für eine Kündigung** | • Durch krankheit fehlende kraft<br>• mehr kosten | - alt 80 jahre<br>Kündigung | | |
| **Argumente gegen eine Kündigung** | er ist betriebsrat mitglied Besonderen kündigung Schutz | • zufriedenstellende leistung<br>• wenig krankheit | | |
| **Kündigung** | ☐ ja ☐ nein | ☐ ja ☐ nein | ☐ ja ☐ nein | ☐ ja ☐ nein |

## Info 4: Vordruck Briefbogen

**BüroTec GmbH**
Moers

BüroTec GmbH ♦ Anglerstraße 34 ♦ 47444 Moers

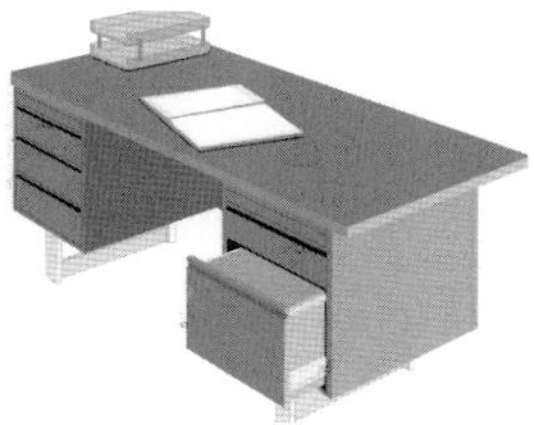

..............................................................................
..............................................................................
..............................................................................
..............................................................................
..............................................................................
..............................................................................
..............................................................................
..............................................................................
..............................................................................

| Ihr Zeichen, Ihre Nachricht vom | Unser Zeichen, unsere Nachricht vom | Telefon, Name 02841 283- | Datum |
|---|---|---|---|
| ............................................... | ............................................... | ............................................... | ........................ |

### Kündigung

................................................................................................................................................................
................................................................................................................................................................
................................................................................................................................................................
................................................................................................................................................................
................................................................................................................................................................
................................................................................................................................................................
................................................................................................................................................................
................................................................................................................................................................
................................................................................................................................................................
................................................................................................................................................................
................................................................................................................................................................
................................................................................................................................................................
................................................................................................................................................................
................................................................................................................................................................
................................................................................................................................................................
................................................................................................................................................................
................................................................................................................................................................
................................................................................................................................................................
................................................................................................................................................................
................................................................................................................................................................

**Geschäftsführer:**
Moritz Schmidt
Michael Schneider
Petra Peters
**Sitz der Gesellschaft:**
Moers

**Handelsregister:**
Amtsgericht Moers
HRB 4 415

**Kommunikation:**
Telefon: 02841 283-0
Telefax: 02841 283-1
E-Mail: info@Buerotec.de

**Bankverbindungen:**
Sparkasse am Niederrhein
IBAN: DE41 3545 0000 0369 9908 94
BIC: WELADED1MOR

Postbank Essen
IBAN: DE79 3601 0043 0734 8993 29
BIC: PBNKDEFF360

**Finanzamt Moers**
Steuernummer:
12287679943
USt-Id-Nummer:
DE 811127386

## Info 5: Lückentext

### Betriebsbedingte Kündigungen

Die ______________ Wettbewerbssituation auf den globalen Märkten zwingt die Unternehmen nicht selten zu Rationalisierungsmaßnahmen, die häufig Kündigungen zur Folge haben. Diese im Interesse des Unternehmens dringend erforderlichen Kündigungen bezeichnet man als ______________________________.

Rechtliche Regelungen zu dieser Problematik hat der Gesetzgeber im ______________________ festgelegt. Kündigungen der beschriebenen Art sind gemäß diesem Gesetz ____________________, also rechtswirksam. Allerdings müssen bei der __________ der zu kündigenden Mitarbeiter ______________ ____________________ ausreichend berücksichtigt werden. Im Einzelnen sind dies die Dauer der __________________, das ______________________ und ______________ sowie ggf. eine vorhandene ______________________.

Richtet sich der Arbeitgeber nicht nach diesen Kriterien, kann der Arbeitnehmer über eine ________________________ beim ____________________ seine __________________ erreichen. Allerdings brauchen Personen, die für das Unternehmen vo_n sehr großer Bedeutung sind, sogenannte Leistungsträger, bei der __________________ nicht ________________ zu werden. Darüber hinaus gilt für bestimmte Personengruppen wie z.B. __________________ und __________________ ein besonderer ____________________.

Bei betriebsbedingten Kündigungen muss wie bei den personen- und verhaltensbedingten Kündigungen der ______________ angehört werden. Anderenfalls ist die Kündigung ______________.

Die Entscheidung darüber, welchem Mitarbeiter __________________ , ist in der Praxis sehr schwierig, da mehrere ______________ zu berücksichtigen sind. Letztlich bleibt festzuhalten, dass das ______________________________ betriebsbedingte Kündigungen ____________ verhindert, sondern im Einzelfall dafür sorgt, dass soziale ____________ berücksichtigt werden.

Lernsituation 19

# Verhaltensbedingte Kündigung

**Personalprozesse**

## Lernsituation:

Am Montagnachmittag bittet Herr Kleinen, Abteilungsleiter der Arbeitsvorbereitung, die Personalleiterin Frau Saalfeld um ein Gespräch.

**Frau Saalfeld:** Guten Morgen, Herr Kleinen, was kann ich für Sie tun?

**Herr Kleinen:** Nun, es geht um meinen Mitarbeiter Herrn Kramer. Seit einigen Wochen erscheint er häufig verspätet zur Arbeit. Gestern ist er sogar erst um 10:00 Uhr erschienen.

**Frau Saalfeld:** Und haben Sie Herrn Kramer schon zur Rede gestellt?

**Herr Kleinen:** Selbstverständlich. Aber Herr Kramer meinte nur, ich solle mich nicht so anstellen.

**Frau Saalfeld:** So geht das natürlich nicht. Ein solches Verhalten können wir nicht dulden.

**Herr Kleinen:** Ganz meine Meinung, Frau Saalfeld. Meines Erachtens ist die Kündigung die einzig angemessene Reaktion. Einen Mitarbeiter wie Herrn Kramer können wir nicht gebrauchen.

**Frau Saalfeld:** So einfach ist das leider nicht.

**Herr Kleinen:** Wie meinen Sie das?

**Frau Saalfeld:** Nun, ...

## Arbeitsaufträge:

1. Prüfen Sie, ob im Fall von Herrn Kramer ein Kündigungsgrund gegeben sein könnte.
2. Erläutern Sie zwei Maßnahmen, die Sie an Frau Saalfelds Stelle ergreifen würden.
3. Nehmen Sie an, Herrn Kramers Verhalten ändert sich auch nach den von Ihnen eingeleiteten Maßnahmen nicht. Begründen Sie, wie Sie weiter vorgehen würden.
4. Nehmen Sie an, die rechtlichen Voraussetzungen, Herrn Kramer kündigen zu können, sind gegeben und Frau Saalfeld möchte ihr Vorhaben, ausgehend vom 08.09.2021, so schnell wie möglich in die Tat umsetzen.
   4.1 Geben Sie die Dauer der Kündigungsfrist an.
   4.2 Nennen Sie das Datum, an dem Herrn Kramer das Kündigungsschreiben spätestens vorliegen muss.
   4.3 Ermitteln Sie, wann Herr Kramer seinen letzten Arbeitstag hat.
5. Beschreiben Sie, welche Aspekte bei einem Kündigungsschreiben zu beachten sind.
6. Herr Kramer ist, obwohl der Betriebsrat zugestimmt hat, mit der Kündigung nicht einverstanden. Prüfen Sie, welche Möglichkeiten Herrn Kramer offenstehen.
7. Geben Sie an, welche Arbeitspapiere Herrn Kramer bei Beendigung des Arbeitsverhältnisses auszuhändigen sind.
8. Nennen Sie Gründe, aus denen einem Arbeitnehmer fristlos gekündigt werden kann.

## Info 1: Auszug aus dem 1 x 1 des Personalmanagements

# V

**1 x 1 des Personalmanagements**

## Verhaltensbedingte Kündigung

Gemäß § 1 Kündigungsschutzgesetz (KSchG) sind Kündigungen, die durch Gründe, die in dem Verhalten des Arbeitnehmers liegen, sozial gerechtfertigt und damit statthaft.[1]

Bei dem schuldhaften Verhalten kann es sich um Vertragsverletzungen verschiedenster Art handeln. Zu nennen sind in diesem Zusammenhang insbesondere folgende Aspekte: Alkoholmissbrauch, Arbeitsverweigerung, Beleidigungen, Bedrohungen, eigenmächtiger Urlaubsantritt, verhaltensbedingte Schlechtleistung, Zuspätkommen u.a.

Bevor die verhaltensbedingte Kündigung ausgesprochen wird, ist eine sorgfältige Interessenabwägung erforderlich. Das Interesse des Arbeitgebers an der Kündigung muss gegen das Interesse des Arbeitnehmers an der Weiterbeschäftigung abgewogen werden. Zu berücksichtigende Faktoren sind z.B. die Intensität der Vertragsverletzung oder die Dauer der Betriebszugehörigkeit. Abzuwägen sind sowohl belastende als auch entlastende Umstände. Somit gibt es keine absoluten Gründe für verhaltensbedingte Kündigungen.

Eine verhaltensbedingte Kündigung ist grundsätzlich nur gerechtfertigt, wenn der Arbeitnehmer zuvor abgemahnt wurde. In dieser Abmahnung muss der Arbeitgeber das Verhalten des Arbeitnehmers beanstanden und für den Fall einer Wiederholung die Kündigung androhen. Die Abmahnung hat drei Funktionen. Zunächst soll sie das beanstandete Verhalten dokumentieren. Zudem soll sie den Arbeitnehmer an seine vertraglichen Pflichten erinnern und ihn letztlich vor Konsequenzen für das Arbeitsverhältnis bei weiterem Fehlverhalten warnen. Eine Abmahnung kann auch mündlich erfolgen. Aus Beweisgründen ist der Arbeitgeber jedoch gut beraten, eine Abmahnung schriftlich zu verfassen.

Wenn vorhanden, muss gemäß § 102 Betriebsverfassungsgesetz (BetrVG) vor jeder Kündigung der Betriebsrat angehört werden.[2] Eine Kündigung ohne Anhörung des Betriebsrates ist unwirksam. Der Betriebsrat kann einer Kündigung zustimmen, Bedenken erheben oder Widerspruch einlegen. Hierbei ist die Schriftform vorgeschrieben.

Kündigt der Arbeitgeber dem Arbeitnehmer, kann sich der betroffene Arbeitnehmer mithilfe einer Kündigungsschutzklage vor dem Arbeitsgericht zur Wehr setzen, auch wenn die Kündigung mit Zustimmung des Betriebsrates erfolgt ist. In der Zeit bis zur endgültigen Entscheidung des Arbeitsrichters bleibt die Kündigung bestehen, d.h., der Arbeitnehmer wird während des laufenden Verfahrens nicht weiterbeschäftigt.

Kündigt der Arbeitgeber dem Arbeitnehmer, obwohl der Betriebsrat Bedenken erhoben oder Widerspruch eingelegt hat, ergeben sich rechtlich gesehen unterschiedliche Situationen. Hat der Betriebsrat Bedenken erhoben und setzt sich der Arbeitnehmer mithilfe einer Kündigungsschutzklage zur Wehr, bleibt die Kündigung in der Zeit bis zur endgültigen Entscheidung bestehen, d.h., der Arbeitnehmer wird wie im obigen Fall während des laufenden Verfahrens nicht weiterbeschäftigt.

Anders verhält es sich, wenn der Betriebsrat Widerspruch eingelegt und der Arbeitnehmer eine Kündigungsschutzklage eingereicht hat. In diesem Fall ist die Kündigung bis zur endgültigen Entscheidung unwirksam, d.h., der Arbeitnehmer wird während des laufenden Verfahrens weiterbeschäftigt.

Der Arbeitnehmer muss die Kündigungsschutzklage bei dem Arbeitsgericht einreichen, in dessen Bezirk der Beklagte seinen Wohnsitz bzw. Geschäftssitz hat. Er braucht keinen Anwalt, sondern kann sich selbst vertreten oder sich durch seine Gewerkschaft vertreten lassen.

---

1 Sozial gerechtfertigt und damit statthaft sind neben den verhaltensbedingten Gründen auch personenbedingte und betriebsbedingte Kündigungen. Beide werden an dieser Stelle nicht näher betrachtet.

2 Diese und nachfolgende Aussagen zum Themenbereich Kündigung gelten auch für die personenbedingten und betriebsbedingten Kündigungen.

## Fortsetzung

Soll ein Arbeitsverhältnis durch eine Kündigung beendet werden, so muss diese schriftlich verfasst werden. Das Kündigungsschreiben muss den Kündigungsgrund enthalten und es muss eindeutig daraus hervorgehen, dass das Arbeitsverhältnis zu einem bestimmten Zeitpunkt beendet werden soll. Bei der Kündigung handelt es sich um eine empfangsbedürftige Willenserklärung, d.h., sie ist nur wirksam, wenn sie dem Vertragspartner fristgerecht zugeht. Aus diesem Grund wird das Kündigungsschreiben meist persönlich übergeben.

Grundsätzlich sind bei einer Kündigung gemäß § 622 BGB gesetzliche Kündigungsfristen einzuhalten. Daher spricht man von einer ordentlichen oder auch fristgerechten Kündigung. Diese Kündigungsfristen sind Mindestvorschriften, die jedoch durch Einzelarbeits- oder Tarifverträge verlängert werden können. Eine Verkürzung ist nur durch Tarifverträge möglich. Die Grundkündigungsfrist beträgt vier Wochen zum Fünfzehnten oder zum Ende eines Kalendermonats und gilt sowohl für Kündigungen durch den Arbeitgeber als auch für Kündigungen durch den Arbeitnehmer (Ausnahme: Während einer vereinbarten Probezeit, die für maximal sechs Monate vereinbart werden kann, kann das Arbeitsverhältnis mit einer Frist von zwei Wochen ohne Angabe eines Grundes gekündigt werden).

Bei längerer Betriebszugehörigkeit gelten für Kündigungen durch den Arbeitgeber verlängerte gesetzliche Kündigungsfristen:

| Betriebszugehörigkeit | Kündigungsfristen zum Monatsende |
|---|---|
| ab 2 Jahre | 1 Monat |
| ab 5 Jahre | 2 Monate |
| ab 8 Jahre | 3 Monate |
| ab 10 Jahre | 4 Monate |
| ab 12 Jahre | 5 Monate |
| ab 15 Jahre | 6 Monate |
| ab 20 Jahre | 7 Monate |

Handelt es sich um schwerwiegende Vertragsverletzungen und ist die Fortsetzung des Arbeitsverhältnisses nicht zumutbar, kann das Arbeitsverhältnis von beiden Seiten ohne Einhaltung einer Kündigungsfrist, d.h. fristlos, gekündigt werden. Beispiele hierfür sind z.B. Tätlichkeiten, grobe Beleidigungen, Diebstahl oder Verrat von Geschäftsgeheimnissen. Auch auf eine Abmahnung kann in diesen Fällen verzichtet werden. Die Anhörung des Betriebsrates ist jedoch zwingend erforderlich.

Bei Beendigung eines Arbeitsverhältnisses sind dem Arbeitnehmer u.a. folgende Arbeitspapiere auszuhändigen: Arbeitszeugnis, Urlaubsbescheinigung und Arbeitsbescheinigung.

## Info 2: Interne Mitteilung

# BüroTec GmbH

## Interne Mitteilung

**an:** Frau Saalfeld

**von:** Tarik Aslan
**Abteilung:** Personal
**Datum:** 08.09.2021
**Zeichen:** as

**Personaldaten Andreas Kramer**

| | |
|---|---|
| Geburtsdatum: | 08.02.1977 |
| Betriebseintritt: | 10.04.2016 |
| Familienstand: | ledig, keine Kinder |
| Führung: | Herr Kramer hat im Jahr 2017 eigenmächtig seinen Urlaub um 2 Tage verlängert und ist in diesem Zusammenhang abgemahnt worden. |
| Beurteilung: | Die Leistungen von Herrn Kramer liegen im guten Durchschnitt. |

| Lernsituation 20  | Personalleasing | Personal-prozesse |
|---|---|---|

### Lernsituation:

Mitte Januar kommen Frau Saalfeld, Personalleiterin der BüroTec GmbH, und der technische Leiter Herr Schirmer zusammen, um aktuelle Probleme zu besprechen.

**Frau Saalfeld:** Guten Morgen, Herr Schirmer. Was kann ich für Sie tun?

**Herr Schirmer:** Guten Morgen, Frau Saalfeld. Marcel Berg, ein Mitarbeiter in der Montageabteilung, hat sich einen schweren Bandscheibenvorfall zugezogen und wird voraussichtlich mehrere Monate ausfallen.

**Frau Saalfeld:** Keine guten Nachrichten, ich hoffe er kommt schnell wieder auf die Beine. Können wir denn den Ausfall verkraften?

**Herr Schirmer:** Nein, ganz und gar nicht. Wir sind bis Ende des Jahres voll ausgelastet. Danach soll es dann aber wieder etwas ruhiger werden.

**Frau Saalfeld:** Dann werden wir das Problem mit Überstunden wohl nicht in den Griff kriegen.

**Herr Schirmer:** Da haben Sie Recht. Wir müssen so schnell wie möglich bis Ende des Jahres eine Aushilfskraft einstellen.

**Frau Saalfeld:** Gar nicht so leicht, so schnell eine Aushilfskraft zu finden. Aber ich glaube, ich habe da eine Idee.

### Arbeitsaufträge:

1. Veranschaulichen Sie die Beziehungen zwischen Verleiher, Leiharbeitnehmer und Entleiher, indem Sie das Schaubild (Info 2) vervollständigen. Nutzen Sie hierzu die Informationen aus Info 1.

2. Erläutern Sie 4 Vorteile der Leiharbeit aus Sicht der BüroTec GmbH.

| | | |
|---|---|---|
| 1 | | |
| 2 | | |
| 3 | | |

| 4 | |
|---|---|

3. Nennen Sie je 2 Vor- und Nachteile der Leiharbeit aus Sicht des Leiharbeitnehmers.

| **Vorteile** | 1 | |
|---|---|---|
| | 2 | |

| **Nachteile** | 1 | |
|---|---|---|
| | 2 | |

4. Die BüroTec GmbH hat mit der Teamwork KG einen Arbeitnehmerüberlassungsvertrag abgeschlossen. Der Leiharbeitnehmer Lukas Menke soll für die kommenden 6 Monate die Montageabteilung unterstützen. Arbeitsbeginn ist der 01.02.20..

4.1 Lukas Menke wird bei der Teamwork KG für seine Arbeit bei der BüroTec GmbH nach dem Branchenzuschlagstarifvertrag für die Holz und Kunststoff verarbeitende Industrie entlohnt. Die Tätigkeit in der Montageabteilung entspricht der Entgeltgruppe 2a. Hierbei handelt es sich um eine Tätigkeit, die eine mehr oder weniger kurze Anlernzeit erfordert. Berechnen Sie den Bruttolohn von Herrn Menke für den Monat Mai unter der Annahme, dass er 160 Stunden gearbeitet hat.

| **Bruttolohn Lukas Menke** | |
|---|---|

Branchenzuschlagstarifvertrag

**Stundenentgelte gesamtes Tarifgebiet ab 01.04.2021**

| EG | Stufe 0<br>kein Branchen-zuschlag | 1. Stufe<br>nach der 6. vollendeten Woche<br>7% | 2. Stufe<br>nach dem 3. vollendeten Monat<br>10% | 3. Stufe<br>nach dem 5. vollendeten Monat<br>15% | 4. Stufe<br>nach dem 7. vollendeten Monat<br>22% | 5. Stufe<br>nach dem 9. vollendeten Monat<br>31% | 6. Stufe<br>nach dem 15. vollendeten Monat<br>44% |
|---|---|---|---|---|---|---|---|
| 1 | 10,45 | 11,18 | 11,50 | 12,02 | 12,75 | 13,69 | 15,05 |
| 2a | 11,15 | 11,93 | 12,27 | 12,82 | 13,60 | 14,61 | 16,06 |
| 2b | 11,72 | 12,54 | 12,89 | 13,48 | 14,30 | 15,35 | 16,88 |
| 3 | 12,79 | 13,69 | 14,07 | 14,71 | 15,60 | 16,75 | 18,42 |
| 4 | 13,53 | 14,48 | 14,88 | 15,56 | 16,51 | 17,72 | 19,48 |
| 5 | 15,27 | 16,34 | 16,80 | 17,56 | 18,63 | 20,00 | 21,99 |
| 6 | 17,19 | 18,39 | 18,91 | 19,77 | 20,97 | 22,52 | 24,75 |
| 7 | 20,07 | 21,47 | 22,08 | 23,08 | 24,49 | 26,29 | 28,90 |
| 8 | 21,60 | 23,11 | 23,76 | 24,84 | 26,35 | 28,30 | 31,10 |
| 9 | 22,79 | 24,39 | 25,07 | 26,21 | 27,80 | 29,85 | 32,82 |

Quelle: iGZ – Branchenzuschläge in der Holz und Kuststoff verarbeitenden Industrie

4.2 Marcus Dembele ist seit 3 Jahren bei der BüroTec GmbH als Monteur in der gleichen Abteilung wie Herr Menke eingesetzt und verrichtet dort die gleichen Tätigkeiten. Im Mai hat Marcus Dembele ebenfalls 160 Stunden gearbeitet. Sein Bruttostundenlohn beträgt nach Tarifvertrag der Holz und Kunststoff verarbeitenden Industrie 14,90 €. Berechnen Sie den Bruttolohn von Herrn Dembele für den Monat Mai.

| | |
|---|---|
| **Bruttolohn Marcus Dembele** | |

5. Entscheiden Sie, ob folgende Aussagen richtig oder falsch sind.

1 = richtig 9 = falsch

| | | |
|---|---|---|
| **A** | Equal Pay in der Praxis bedeutet, dass ein Leiharbeitnehmer vom ersten Tag der Beschäftigung bei einem Entleiher den gleichen Bruttostundenlohn erhält wie ein vergleichbarer Arbeitnehmer, der dort beschäftigt ist. | |
| **B** | Der Leiharbeitnehmer schließt mit dem Verleiher einen unbefristeten Arbeitsvertrag. Dieser sieht unter anderem vor, dass Leiharbeitnehmer auch bei Nichteinsatzzeiten bezahlt werden. | |
| **C** | Kann ein Entleiher einen Leiharbeitnehmer aufgrund von Auftragsmangel nicht mehr beschäftigen, kann er ihn betriebsbedingt kündigen. Hierbei sind die gesetzlichen Kündigungsfristen einzuhalten. | |
| **D** | Gemäß Arbeitnehmerüberlassungsgesetz dürfen Leiharbeitnehmer nicht länger als 18 Monate am Stück bei einem Entleiher beschäftigt sein. Unterbricht er seine Tätigkeit für 3 Monate und einen Tag, kann er wieder beim Entleiher tätig werden. | |
| **E** | Arbeitnehmerüberlassungsverträge zwischen Verleiher und Entleiher können sowohl schriftlich als auch mündlich abgeschlossen werden. | |
| **F** | Möchte ein Verleiher einem seiner Leiharbeitnehmer kündigen, muss er die Kündigungsfristen sowie das Kündigungsschutzgesetz beachten. Kurzfristige Auftragslücken stellen im Übrigen keinen Grund für eine betriebsbedingte Kündigung dar. | |
| **G** | Die Nichtbeachtung des Equal-Pay-Grundsatzes wird mit einem Bußgeld von bis zu 50.000,00 € bestraft und kann den Entzug der Erlaubnis zur Arbeitnehmerüberlassung zur Folge haben. | |
| **H** | Verleiher stellen dem Entleiher i.d.R. das Zweifache des Bruttostundenlohns des Leiharbeitnehmers in Rechnung. Zeitarbeit ist aber nicht doppelt so teuer, da der Entleiher, wenn er selber eine Aushilfskraft einstellen würde, diverse Lohnnebenkosten zu tragen hätte. | |
| **I** | Viele Leiharbeitnehmer profitieren nicht vom gesetzlichen Equal-Pay-Anspruch, da nur knapp ein Viertel der Leiharbeitnehmer länger als 9 Monate bei einem Entleiher eingesetzt wird. | |

6. Stellen Sie fest, welche Rechte der Betriebsrat der BüroTec GmbH bezüglich des Einsatzes des Leiharbeitnehmers Lukas Menke hat.

7. Am 1. Juni finden bei der BüroTec GmbH Betriebsratswahlen statt. Erläutern Sie, welche Rechte der Leiharbeitnehmer Herr Menke in diesem Zusammenhang hat.

8. Die Lohberg GmbH, ein mittelständisches Unternehmen der Metallbranche, beliefert die BüroTec GmbH mit Schlössern und Scharnieren. Da die in der Metallbranche zurzeit stattfindenden Tarifverhandlungen ins Stocken geraten sind, bestreikt die IG Metall einige Betriebe, darunter auch die Lohberg GmbH. Der Geschäftsführer der Lohberg GmbH möchte Lieferverzögerungen vermeiden. Daher beabsichtigt er, solange sein Betrieb bestreikt wird, 50 Leiharbeitnehmer einzustellen. Nehmen Sie Stellung zu diesem Vorhaben.

9. Arbeiten Sie aus der folgenden Grafik die wesentlichen Informationen heraus und entwerfen Sie eine passende Überschrift.

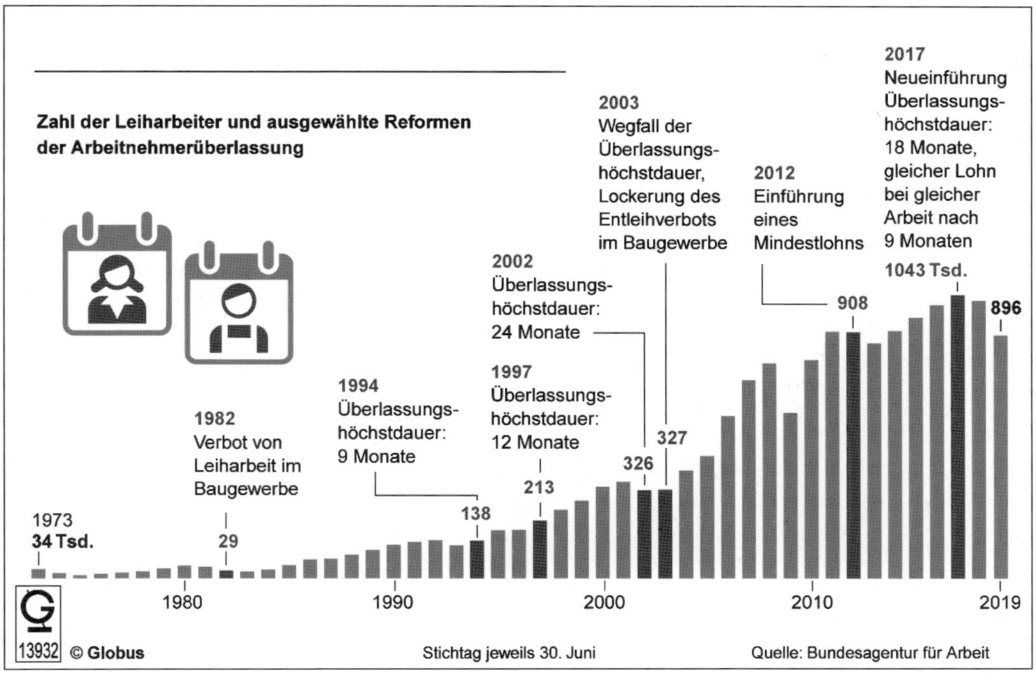


10. Die einen sehen Zeitarbeit als Chance, die anderen halten Zeitarbeit für moderne Sklaverei. Nehmen Sie begründet Stellung.

**Info 1: Auszug aus einem Informationspapier der Kanzlei Berger & Partner**

**Information „Arbeitsrecht“**

**Berger & Partner**
Rechtsanwälte

Arbeitsrecht
Wirtschaftsrecht
Gesellschaftsrecht

## Das Arbeitnehmerüberlassungsgesetz

Das Arbeitnehmerüberlassungsgesetz (AÜG) regelt die Arbeitnehmerüberlassung, d.h. das zeitlich begrenzte Ausleihen eines Arbeitnehmers zur Arbeit in dem Betrieb eines Dritten, des „Entleihers“. Häufig spricht man in diesem Zusammenhang auch von Leiharbeit, Zeitarbeit oder von Personalleasing.

Leiharbeit beschreibt ein Dreiecksverhältnis zwischen Verleiher, Leiharbeitnehmer und Entleiher, d.h. dem Unternehmen, bei dem der Leiharbeitnehmer tätig ist. Im Jahr 2021 waren knapp 850.000 Leiharbeitnehmer bei ca. 11.500 Verleihern sozialversicherungspflichtig beschäftigt. Ihr Anteil an der Gesamtbeschäftigung liegt bei knapp 3 %. Tendenz steigend. Hierbei ist die Branche durch eine große Zahl begonnener und beendeter Beschäftigungsverhältnisse geprägt. Der größte Teil der Beschäftigungsverhältnisse ist im eher geringqualifizierten Bereich anzusiedeln. Hilfstätigkeiten in der Produktion oder im Lager sowie Tätigkeiten in den Bereichen Sicherheit, Reinigung und Pflege machen einen großen Teil der Beschäftigungsverhältnisse aus.

Der Leiharbeitnehmer schließt in der Regel einen unbefristeten Arbeitsvertrag[1] bei einem Verleiher. Hierzu benötigt der Verleiher die Erlaubnis der Bundesagentur für Arbeit. Der Verleiher überlässt dann die Arbeitskraft des Leiharbeitnehmers einem Unternehmen, das für eine gewisse Zeit Personal benötigt, aber keine langfristige Bindung eingehen möchte. Hierfür berechnet der Verleiher dem Entleiher eine Gebühr.

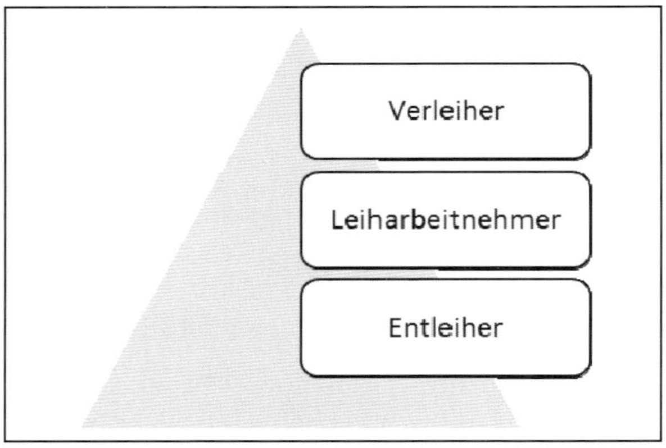


Da der Verleiher nicht nur das Arbeitsentgelt des Leiharbeitnehmers bezahlt, sondern auch das Ausfallrisiko des Leiharbeitnehmers trägt und darüber hinaus einen Gewinn erzielen möchte, wird dem Entleiher in der Regel das Zweifache des Bruttostundenlohns in Rechnung gestellt. Die Kosten entstehen jedoch nur dann, wenn der Mitarbeiter die Arbeitsleistung tatsächlich erbringt. Fällt er z.B. wegen Krankheit aus, trägt der Verleiher die Kosten.

Die Arbeitsentgelte der Leiharbeitnehmer sind im Zeitarbeitstarifvertrag geregelt. Die Stundensätze reichen je nach Qualifikation, Berufserfahrung bzw. Art der Tätigkeit im Tarifgebiet West von 10,45 € bis 22,79 € (Stand 2021). Für bestimmte Wirtschaftszweige, z.B. in der Metall- und Elektroindustrie oder in der Holz und Kunststoff verarbeitenden Industrie, wurden darüber hinaus je nach Einsatzzeit gestaffelte Branchenzuschläge vereinbart. Leiharbeitnehmern muss gemäß § 8 AÜG grundsätzlich das gleiche Gehalt wie Stammarbeitskräften gezahlt werden (Equal-Pay-Grundsatz).

[1] Hier gelten die gleichen Rechte und Pflichten wie bei herkömmlichen Arbeitsverträgen. D.h., bei etwaigen Kündigungen ist das Kündigungsschutzgesetz zu beachten. So muss der Verleiher bei einer betriebsbe-dingten Kündigung darlegen und nachweisen, dass die Auftragsrückgänge dauerhaft sind. Kurzfristige Auftragslücken rechtfertigen keine Kündigung.

## Fortsetzung

Hiervon kann in folgenden Fällen abgewichen werden:

Wird bei der Arbeitnehmerüberlassung ein Zeitarbeitstarifvertrag angewendet, und das ist der Regelfall, hat der Leiharbeitnehmer erst nach 9 Monaten ununterbrochener Überlassung an denselben Entleiher einen gesetzlichen Equal-Pay-Anspruch. Wird der Einsatz allerdings für mindestens 3 Monate und 1 Tag unterbrochen, beginnt die 9–monatige Frist bei Rückkehr neu zu laufen. Somit kann der Grundsatz des Equal Pay unterlaufen werden. Zudem arbeitet nur knapp ein Viertel der Leiharbeitnehmer länger als 9 Monate bei einem Entleiher. In den Branchen, in denen sogenannte Branchenzuschlagstarifverträge vereinbart worden sind, wird das Arbeitsentgelt des Leiharbeitnehmers in 5 Stufen an das Arbeitsentgelt eines vergleichbaren Arbeitnehmers angepasst, sodass der Equal-Pay-Grundsatz in Abhängigkeit vom jeweiligen Branchenzuschlagstarifvertrag erst nach 15 Monaten erreicht wird. Die Nichtbeachtung des Equal-Pay-Grundsatzes stellt eine Ordnungswidrigkeit dar, wird mit einem Bußgeld von bis zu 500.000 € bestraft und kann den Entzug der Erlaubnis zur Arbeitnehmerüberlassung zur Folge haben.

Der Entleiher schließt mit dem Verleiher einen Arbeitnehmerüberlassungsvertrag. Die Rechte und Pflichten der Vertragspartner sind im oben genannten Arbeitnehmerüberlassungsgesetz geregelt. Der Entleiher profitiert somit von der Arbeitsleistung des Leiharbeitnehmers, ohne sich lange vertraglich binden zu müssen. Dies hängt damit zusammen, dass die Kündigungsfristen von Arbeitnehmerüberlassungsverträgen meist nur wenige Tage betragen. Auf die Vorschriften des Kündigungsschutzgesetzes muss der Entleiher keine Rücksicht nehmen, da der Leiharbeitnehmer nicht bei ihm, sondern beim Verleiher arbeitsvertraglich gebunden ist. Ein weiterer Vorteil für den Entleiher ist darin zu sehen, dass Tarifverträge für Zeitarbeit häufig ein geringeres Entgelt vorsehen als die Tarifverträge der jeweiligen Branche. So ist die Arbeitnehmerüberlassung insbesondere in Situationen von dringendem, zeitlich begrenztem Personalbedarf für den Entleiher sehr interessant.

Folgende Aspekte sind bei der Arbeitnehmerüberlassung zu beachten:

- Der Arbeitnehmerüberlassungsvertrag muss gemäß § 1 AÜG schriftlich abgeschlossen werden und auch als Arbeitnehmerüberlassungsvertrag erkennbar sein. Der Name des jeweils betroffenen Leiharbeitnehmers muss konkret benannt werden. Ein Verstoß gegen diese Pflichten kann vom Staat mit hohen Bußgeldern bestraft werden.
- Gemäß § 1 AÜG dürfen Leiharbeiter nicht länger als 18 aufeinanderfolgende Monate bei demselben Entleiher beschäftigt sein. Ausnahme: Wird die Überlassung für mindestens 3 Monate und 1 Tag unterbrochen, kann der Leiharbeitnehmer länger an denselben Entleiher ausgeliehen werden.
- Der Betriebsrat des Entleihers muss gemäß § 80 BetrVG vor dem Einsatz von Leiharbeitnehmern umfassend informiert werden. So muss der Betriebsrat über den zeitlichen Umfang, die konkrete Tätigkeit des Leiharbeitnehmers sowie den Einsatzort unterrichtet werden. Ist ein Leiharbeitnehmer länger als 3 Monate im gleichen Betrieb eingesetzt, ist er gemäß § 7 BetrVG bei Betriebsratswahlen wahlberechtigt.
- Ein Leiharbeitnehmer darf gemäß § 11 nicht in einem Unternehmen tätig werden, das direkt von einem Streik betroffen ist. Somit kann ein Leiharbeitnehmer nicht als Streikbrecher missbraucht werden.

## Info 2: Schaubild „Personalleasing“

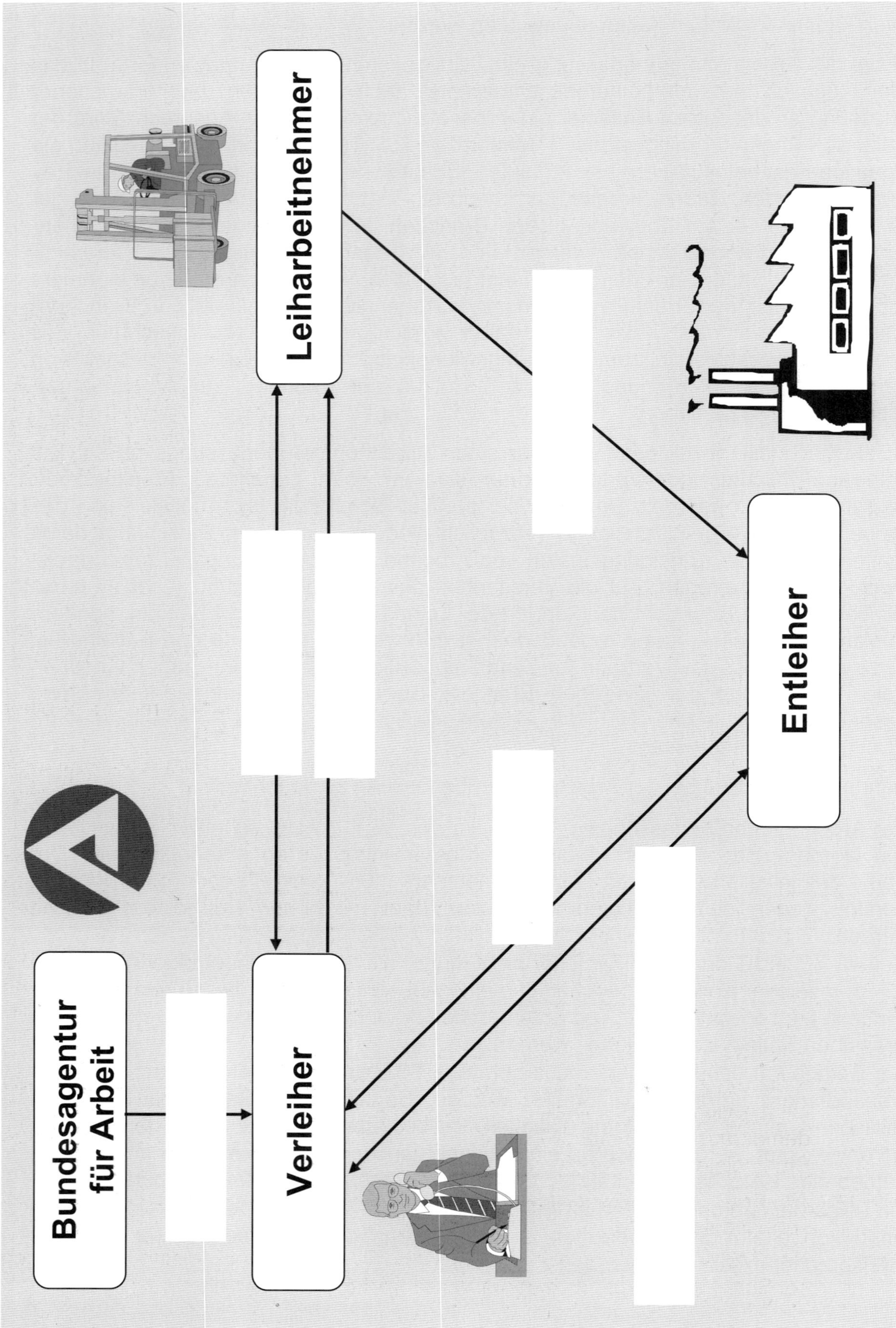

Lernsituation 21

# Personalführungsstile

**Personalprozesse**

## Lernsituation:

Vor einigen Monaten ging Herr Pudenz, Leiter der Fertigungsabteilung bei der BüroTec GmbH, in den wohlverdienten Ruhestand. Die Leitung der Abteilung ist seither vakant und wird, bis ein neuer Abteilungsleiter gefunden ist, vorübergehend von Herrn Kern, einem langjährigen Mitarbeiter dieser Abteilung, ausgeübt (auch Herr Kern hat sich auf die ausgeschriebene Stelle beworben). Seit dieser Zeit jedoch sieht sich die BüroTec GmbH mit zunehmenden Krankheitstagen und auch einer Tendenz zur Abwanderung von qualifiziertem Personal aus der Fertigungsabteilung konfrontiert. Eine Befragung ergab eine äußerst geringe Zufriedenheit des Personals in dieser Abteilung. Die Personalleiterin Frau Saalfeld ist besorgt. Als in der Fertigungsabteilung eine Besprechung angesetzt wird, die von Herrn Kern geleitet werden soll, nimmt Frau Saalfeld daran teil, um sich ein Bild von der Abteilung machen zu können.

Ausschnitt aus der Besprechung:

**Herr Kern:** Meine Damen und Herren. Unser Umsatz im Produktfeld Bürostühle ist seit einiger Zeit rückläufig. Ich bin daher zu der Auffassung gelangt, dass wir auch Drehstühle der Billig-Kategorie produzieren sollten und werde dies der Geschäftsführung auch mitteilen. Können Sie mir erklären, warum nicht einer von Ihnen längst schon selbst auf diese Idee gekommen ist?

**Frau Rossi:** Ich verfolge regelmäßig aktuelle Marktanalysen und da zeigt sich, dass der Trend eigentlich eher in Richtung exklusiver Bürostühle geht. Ich würde daher vorschlagen ...

**Herr Kern:** Überlassen Sie das Ganze mal besser mir! Sorgen Sie lieber dafür, dass meine Anweisungen umgesetzt und die Ihnen zugewiesenen Aufgaben ordentlich erledigt werden. Wenn es Ihnen aber Freude bereitet, dann können Sie in Ihrer Freizeit gerne weiter Marktanalysen lesen.
Benz, ich habe Ihnen doch gestern gesagt, dass Sie die Politur für die Arbeitsplatten rechts neben das Regal stellen sollen. Wieso stehen sie dann immer noch im Nebenraum?

**Frau Benz:** Aber die Politur stand doch immer dort.

**Herr Kern:** Frau Benz, ich würde es begrüßen, wenn Sie meinen Anordnungen Folge leisten würden, oder meinen Sie, wir sollten über derartige Angelegenheiten demokratisch abstimmen? Müller, sagen Sie mal, haben Sie die gelieferten Stuhlpolster immer noch nicht gereinigt?

**Herr Müller:** Äh, also ... nein. Ich dachte, wir reinigen nur die Polster, die beim Transport verschmutzt wurden.

**Herr Kern:** Herr Müller, wenn ich sage, Sie reinigen alle Polster, dann meine ich das auch so. Schließlich trage ich hier die Verantwortung.

## Arbeitsaufträge:

1. Beschreiben Sie die Situation in der Fertigungsabteilung anhand folgender Leitfragen:
   a) Wie kommen in dieser Abteilung Entscheidungen zustande?
   b) Wie würden Sie das Betriebsklima einschätzen?
   c) Welche Meinung hat der Vorgesetzte von seinen Mitarbeitern?
   d) Wie würden Sie die Arbeitszufriedenheit der Mitarbeiter einschätzen?

2. Beschreiben Sie den Führungsstil des Kollegen, der die Abteilungsleiterstelle momentan besetzt (Info 2).

3. Schreiben Sie das vorliegende Gespräch so um, dass es einem kooperativen Führungsstil entsprechen würde (Info 1).

4. Halten Sie wesentliche Merkmale des autoritären und des kooperativen Führungsstils sowie deren Vor- und Nachteile (Info 2) in der zur Verfügung stehenden Arbeitsvorlage fest (Info 3).

5. Nehmen Sie an, Sie wären Mitarbeiter der BüroTec GmbH. Begründen Sie, welchen Führungsstil Sie als Sachbearbeiter bzw. als Führungskraft bevorzugen würden.

6. Nehmen Sie an, in Ihrem Unternehmen ist ein Abteilungsleiter erfolgreich tätig, pflegt jedoch nicht den im Hause vorherrschenden kooperativen Führungsstil, sondern einen eher autoritären Führungsstil. Diskutieren Sie, wie man im Unternehmen mit dieser Situation umgehen sollte.

7. Fassen Sie den Zeitschriftenartikel „Seelenfrieden dank Autorität: Konsens ist Nonsens" zusammen, indem Sie die wesentlichen Kernaussagen benennen (Info 4).

### Info 1: Vorlage zum Umschreiben der Abteilungsbesprechung

## Fortsetzung

## Info 2: Auszug aus dem 1 x 1 des Personalmanagements

# P

**1 x 1 des Personal-managements**

## Personalführungsstile

Das tatsächliche **Führungsverhalten** ist geprägt durch Verhaltensmuster, die in einer Person angelegt und nur durch längerfristige Entwicklungen veränderbar sind. Dabei wird das Führungsverhalten, also die vorherrschende Verhaltensweise des Führenden zur Durchsetzung seiner Ziele gegenüber dem Geführten, in Grundmuster eingeteilt. Diese werden als **Führungsstile** bezeichnet. In der Fachliteratur finden sich viele verschiedene Führungsstile. Exemplarisch sollen folgende zwei Führungsstile näher erläutert werden:

- der autoritäre Führungsstil und
- der kooperative Führungsstil

Ein **autoritärer Führungsstil** ist dadurch gekennzeichnet, dass ein Vorgesetzter die Entscheidungen ohne seine Mitarbeiter trifft. Die Mitarbeiter haben die Beschlüsse hinzunehmen und umzusetzen. Sie sind lediglich ausführende Kräfte. Ein Unternehmen, das einen derartigen Führungsstil durchgehend umsetzt, ist i.d.R. hierarchisch strukturiert und an seiner Spitze steht ein „Souverän". Der Führende verhält sich seinen Mitarbeitern gegenüber distanziert. Anregungen oder gar gegenteilige Meinungen der Mitarbeiter sind unerwünscht bzw. spielen keine Rolle. Der Vorgesetzte geht davon aus, dass seinen Anordnungen strikt Folge geleistet wird. Der Informationsfluss ist einseitig von oben nach unten gestaltet. Austausch bzw. Kommunikation finden kaum statt.

Der **kooperative Führungsstil** ist grundlegend von der persönlichen und fachlichen Wertschätzung der Mitarbeiter durch den Vorgesetzten geprägt. Entscheidungen werden gemeinsam mit den Mitarbeitern getroffen. Der Vorgesetzte sieht sich als Teammitglied. Jeder Mitarbeiter ist berechtigt, Anregungen einzubringen und Meinungen, auch gegenteilige, zu äußern. Unterschiedliche Meinungen werden akzeptiert und diskutiert. Es herrscht ein ständiger Informationsaustausch zwischen allen Teammitgliedern. Alle Mitarbeiter wirken an der Entscheidungsfindung mit. Der Vorgesetzte delegiert Verantwortung auf seine Mitarbeiter, wobei der Entscheidungsfreiheit je nach Position entsprechende Grenzen gesetzt werden müssen. Im Rahmen des kooperativen Führungsstils finden sich die folgenden Ausprägungen, die sich jedoch nur geringfügig unterscheiden:

- Der **beratende** Stil bedeutet, der Vorgesetzte trifft zwar die Entscheidungen, lässt die Mitarbeiter diese aber hinterfragen. Die Mitarbeiter haben den Eindruck, an der Entscheidung durch Beratung teilzunehmen. Da der Vorgesetzte bereit ist, Fragen zu getroffenen Entscheidungen zu beantworten, erlangt er für seine Entscheidungen mehr Akzeptanz.

- Von einem **konsultativen** Führungsstil spricht man, wenn der Vorgesetzte eine beabsichtigte Entscheidung vorweg bekannt gibt und die Mitarbeiter hierzu Meinungen äußern können, die in die endgültige Entscheidung einfließen.

- Ein **partizipativer** Führungsstil bedeutet, dass die Mitarbeiter die Lösungsvorschläge erarbeiten und der Vorgesetzte sich dann für einen dieser Lösungswege entscheidet.

- Wird eine Gruppe mit der Erarbeitung einer Lösung im Rahmen vorab gesteckter Entscheidungsgrenzen beauftragt und trifft letztlich auch diese Gruppe die Entscheidung, so spricht man vom **delegativen** Führungsstil. Der Vorgesetzte vertritt diese Lösung bzw. Entscheidung dann nach innen und außen.

## Info 3: Schaubild „Führungsstile“

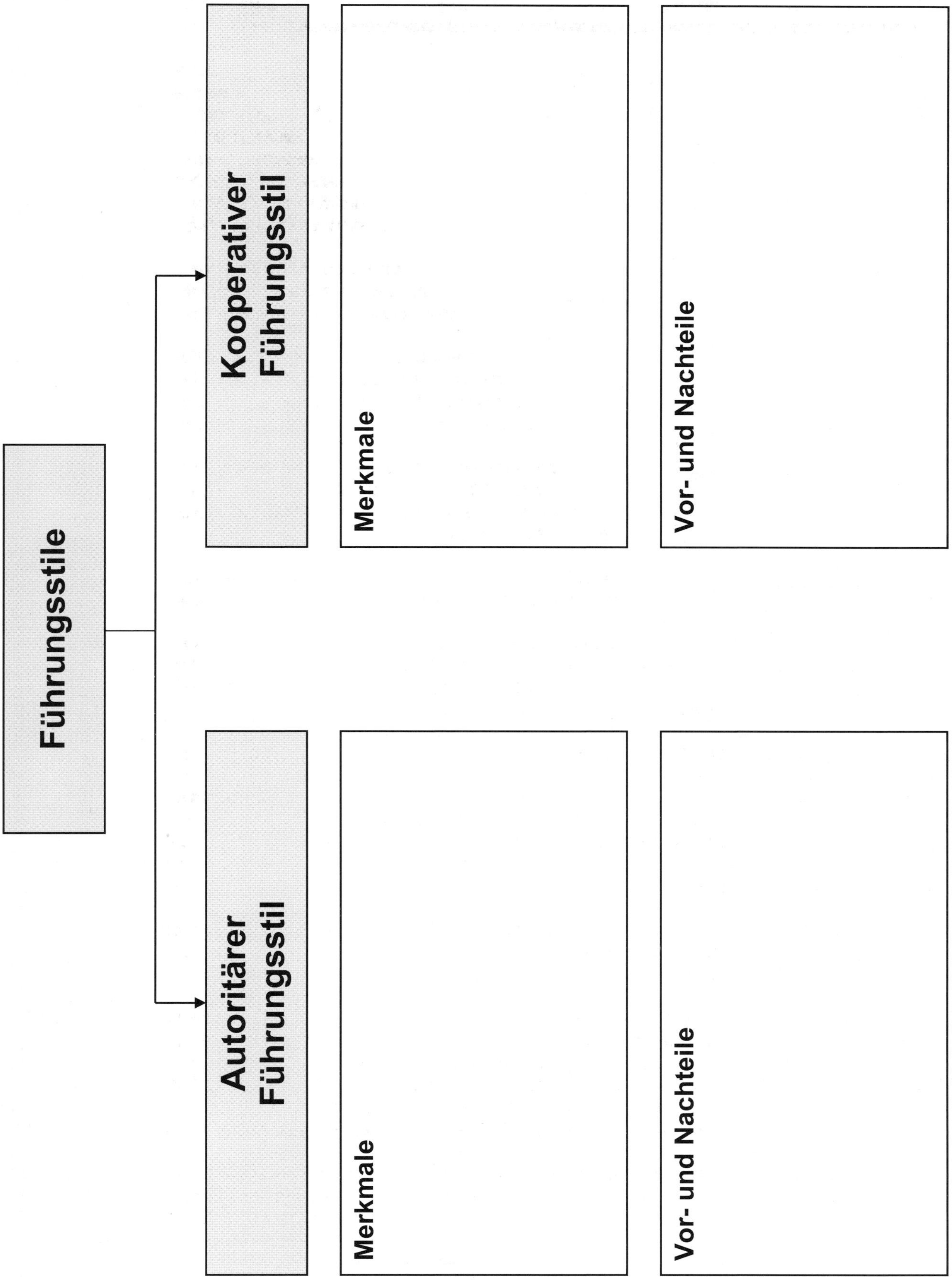




17 Merkur-Nr. 1022

## Info 4: Zeitschriftenartikel

# Seelenfrieden dank Autorität: Konsens ist Nonsens

**Der Chef bestimmt, die Mitarbeiter machen:**
**In Krisenzeiten ist autoritärer Führungsstil wieder angesagt, belegen neue Untersuchungen.**

Lange Debatten angesichts einer Krise? Nicht mit Thomas Herriger. „Grundsätzlich ist es richtig und sinnvoll, Mitarbeiter in Entscheidungen einzubeziehen", urteilt der Inhaber des Schirmherstellers Knirps. „Aber in bestimmten Situationen, in denen Änderungen herbeigeführt werden müssen, muss man auf Diskussionen verzichten und Entscheidungen treffen."

Herriger spricht aus Erfahrung: 1999 musste Knirps Insolvenz anmelden. Als neuer Inhaber und Geschäftsführer des Solinger Unternehmens übernahm er den gebeutelten Solinger Markenbetrieb. Bei der Entwicklung der neuen Schirme musste sich der neue Chef auch im eigenen Haus erst durchsetzen. Gegen den Trend ließ Herriger bunte Schirme produzieren: karierte, orange, gelbe, grüne, blaue. Der Krach mit der an Traditionen orientierten Marketingabteilung war unvermeidbar: „Ich halte es zwar für falsch, grundsätzlich an Mitarbeitern vorbeizuentscheiden. Aber es gibt Entscheidungen, die nur der Unternehmensleiter treffen kann."

Das Überleben von Knirps gibt Herriger bisher recht. Aber Einzelentscheidungen statt Teamwork, Anweisungen statt Meetings, Durchgreifen statt Diskussion? Hatten Deutschlands Manager diese Zeiten nicht hinter sich? Die Antwort ist: Nein, es blühen vielfältige Managementkulturen.

In den meisten mittelständischen Unternehmen hat nach wie vor der Chef das Sagen. Herrigers Führungsstil, den er selbst „leicht diktatorisch" nennt, ist kein Einzelfall. Das zeigt die Untersuchung Mittelstand in Deutschland 2002 (MIND) des Instituts für Mittelstandsforschung in Bonn.

Acht Prozent des deutschen Mittelstands ordnet der MIND als „Konservator" ein. Diese Gruppe besteht aus Entscheidern im wörtlichen Sinn. Aussagen wie „als Unternehmer darf ich nicht alles selbst entscheiden wollen und muss Verantwortung delegieren" oder „bei komplexen, nicht alltäglichen Problemen wende ich mich auch an externe Berater" mögen sie nicht.

Wolfgang Grupp, Inhaber und Geschäftsführer des Trikotagen-Herstellers Trigema, ist ein Mustervertreter dieser Unternehmergruppe. „Ich halte nichts von Leuten im Maßanzug, die nur Englisch sprechen und noch keinen Euro verdient haben", sagt er. Lange akademische Diskussionen und neue Managementmethoden sind ebenfalls nicht seine Sache. 80 Prozent seiner leitenden Angestellten haben bei Trigema als Lehrling angefangen: „Ich bin der Inhaber, und ich bezahle schließlich die Leute dafür, dass sie meine Ideen umsetzen."

Trotzdem sind die harten Chefs bei ihrer Belegschaft oft beliebt: Sie schätzen sie wegen ihrer Verlässlichkeit. Die MIND-Untersuchung zeigt: Die Zahl derer, die sich zur Führung von oben bekennen, steigt. Je länger die Konjunktur schwächelt, desto mehr Unternehmen verabschieden sich von Soft-Skills-Experimenten und kooperativem Führungsstil.

„Autoritärer Führungsstil macht unter bestimmten Bedingungen Sinn", sagt der Türkheimer Managementtrainer Peter Josef Senner. Während bei einigen Mitarbeitern ein kooperativer Führungsstil angemessen sei, könne es bei anderen der autoritäre sein. Besonders dann, wenn für die Beteiligten die Arbeit nicht der Lebensinhalt ist. „Viele Mitarbeiter entfalten sich am stärksten durch klare Rahmenbedingungen, Richtlinien, Vorgaben und Anweisungen. Was leider allzu häufig mit mangelnder Selbstständigkeit abqualifiziert wird, ist bei vielen Menschen typbedingt noch lange kein Nachteil in der Leistungsfähigkeit", erklärt Senner. „Im Gegenteil, ein Gerüst aus zielorientierter Mitarbeiterführung in Verbindung mit den Direktiven einer starken Führungspersönlichkeit bringt Stütze und Sicherheit." Gerade in Krisenzeiten liegt nicht jedem das Diskutieren. Nicht jeder will sich rund um die Uhr Gedanken um das Wohl der Firma machen. Wenn Entscheidungen ohne die Mitarbeiter getroffen werden, heißt das für viele auch: Seelenfrieden.

Der autoritäre Führungsstil verlangt allerdings einiges von den Entscheidern. Ihre Aufgabe ist es, Leitlinien zu bestimmen, ohne die Mitarbeiter zu frustrieren. Dass es beim Formulieren unterschiedlicher Interessen kracht, ist sogar wünschenswert. Untersuchungen zufolge erkennen erfolgreiche Führungskräfte früh Konflikte und scheuen sich nicht, sie aufzugreifen und zuzuspitzen, um die Ursache freizulegen. Es sei deshalb eine der wichtigsten Aufgaben von Firmenchefs, Widersprüche nicht freundlich zuzudecken, sondern das Gefühl auszuhalten, für unpopuläre Entscheidungen gehasst zu werden. Denn sie können sich nicht hinter Mehrheitsentscheidungen oder dem Rat externer Fachkräfte verstecken.

Quelle: Handelsblatt vom 26.02.2003

Lernsituation 22

# Flexible Arbeitszeitmodelle

**Personal-prozesse**

## Lernsituation:

Seit einiger Zeit sieht sich die BüroTec GmbH verstärkt mit unzufriedenen Kunden konfrontiert. Aus diesem Grund bittet Herr Schmidt, Geschäftsführer der BüroTec GmbH, seine beiden Mitgeschäftsführer sowie einige Abteilungsleiter zu einer Krisensitzung.

**Herr Schmidt:** Meine Damen und Herren, wie mir Herr Gräff letzte Woche mitteilte, sind wir nicht in der Lage, die in unseren Katalogen angegebene Lieferzeit einzuhalten. Herr Schirmer, was ist das Problem?

**Herr Schirmer:** Nun, Herr Schmidt, an unseren Mitarbeitern liegt es nicht. Die sind hoch motiviert. Das Problem ist der stark schwankende Auftragseingang. In manchen Wochen müssten wir täglich Überstunden fahren, um das Arbeitspensum bewältigen zu können. Zu anderen Zeiten wiederum ist recht wenig bis gar nichts zu tun.

**Frau Peters:** Ich kann Herrn Schirmer nur beipflichten. In der Büromöbelbranche haben wir traditionell mit einer stark schwankenden Auftragslage zu kämpfen. Mal sind die Auftragsbücher im Frühjahr voll, mal leer. Zeiten, in denen es generell gut bzw. weniger gut läuft, lassen sich da leider nicht ausmachen.

**Herr Kern:** Vielleicht sollten wir einfach die Lieferzeiten verlängern. Dann können sich unsere Kunden wenigstens darauf einstellen.

**Herr Schmidt:** Sicherlich eine Möglichkeit, Herr Kern. Aber keine gute. Der Wettbewerb ist hart. Wir würden unsere Marktposition damit eher verschlechtern.

**Frau Peters:** Was ist mit Überstunden?

**Frau Saalfeld:** Nun, der für uns gültige Tarifvertrag sieht schon die Möglichkeit von Überstunden vor. Allerdings hätten die zu zahlenden Überstundenzuschläge sicherlich stark steigende Personalkosten zur Folge. Ganz zu schweigen von unserem Betriebsrat, der den Überstunden ebenfalls zustimmen müsste.

**Herr Schneider:** In den Medien ist doch immer wieder von flexiblen Arbeitszeitmodellen die Rede. Wäre das nicht die Lösung unseres Problems?

**Herr Schmidt:** Eine gute Idee. Frau Saalfeld, Wissen Sie da Näheres?

## Arbeitsaufträge:

1. In der betrieblichen Praxis finden sich verschiedene flexible Arbeitszeitmodelle. Beschreiben Sie mithilfe der Arbeitsvorlage (Info 1) und der weiteren Informationen (Info 2) folgende Arbeitszeitmodelle:
   a. Gleitzeit,
   b. Arbeitszeitkonto,
   c. Abrufarbeit und
   d. Schichtarbeit.
2. Erläutern Sie, worin die Flexibilität bei den einzelnen Arbeitszeitmodellen besteht.
3. Prüfen Sie, welches bzw. welche Arbeitszeitmodelle Ihnen zur Lösung der in der Lernsituation beschriebenen Probleme am geeignetsten erscheinen.
4. Erklären Sie, welches Recht der Betriebsrat bei der Einführung und Gestaltung flexibler Arbeitszeitmodelle hat.
5. Begründen Sie, warum Überstunden i.d.R. nicht zu den flexiblen Arbeitszeitmodellen gezählt werden.

## Info 1: Arbeitsvorlage „Arbeitszeitmodelle“

| | Gleitzeit | Arbeitszeitkonto |
|---|---|---|
| Kurz-beschreibung | | |
| Vor- und Nachteile aus Sicht der Arbeitgeber (+/-) | | |
| Vor- und Nachteile aus Sicht der Arbeitnehmer (+/-) | | |

**Fortsetzung**

| | Arbeit auf Abruf | Schichtarbeit |
|---|---|---|
| Kurzbeschreibung | | |
| Vor- und Nachteile aus Sicht der Arbeitgeber (+/-) | | |
| Vor- und Nachteile aus Sicht der Arbeitnehmer (+/-) | | |

## Info 2: Auszug aus dem 1 x 1 des Personalmanagements

# F

**1 x 1 des Personalmanagements**

## Flexible Arbeitszeitmodelle

Mit **flexiblen Arbeitszeitmodellen** werden hohe Erwartungen und verschiedene Interessen verbunden. Die Unternehmen rechnen mit einer Steigerung ihrer Wettbewerbsfähigkeit, die Mitarbeiter erhoffen sich eine bessere Vereinbarkeit von Beruf und Privatleben und volkswirtschaftlich gesehen steht die Sicherung der Arbeitsplätze im Vordergrund.

Grundsätzlich stehen den Unternehmen unterschiedliche Modelle zur Gestaltung der betrieblichen Arbeitszeit zur Verfügung. Allerdings darf das Arbeitszeitgesetz (ArbZG) nicht unterlaufen werden. Es besagt insbesondere, dass die werktägliche Arbeitszeit 8 Stunden nicht überschreiten darf. Sie kann jedoch auf 10 Stunden erweitert werden, wenn innerhalb eines Zeitraums von 6 Monaten im Tagesdurchschnitt 8 Stunden und im Wochendurchschnitt 48 Stunden (man geht im ArbZG von einer 6-Tage-Woche aus) nicht überschritten werden. Es ist also eine Maximalarbeitszeit von 60 Stunden pro Woche erlaubt, wenn ein entsprechender Zeitausgleich erfolgt.

Gemäß § 87 BetrVG muss der Betriebsrat dem geplanten Arbeitszeitmodell zustimmen.

Eine Möglichkeit, auf eine schwankende Auftragslage flexibel zu reagieren, ist in der Anordnung von **Überstunden** zu sehen. Der Arbeitnehmer ist jedoch grundsätzlich nur dann verpflichtet, Überstunden zu leisten, wenn der abgeschlossene Arbeitsvertrag, der Tarifvertrag oder die Betriebsvereinbarung entsprechende Regelungen vorsieht. Dies ist überwiegend der Fall.

So ist im Manteltarifvertrag der Edelmetallindustrie festgelegt, dass bei dringenden betrieblichen Erfordernissen Überstunden bis zu einer Arbeitszeit von 10 Stunden täglich, bis zu 10 Überstunden in der Woche und bis zu 20 Stunden im Monat vereinbart werden können. Da der Betriebsrat gemäß § 87 BetrVG bei Verlängerungen und Verkürzungen der täglichen Arbeitszeit ein Mitbestimmungsrecht hat, treten oben genannte Vereinbarungen nur dann in Kraft, wenn der Betriebsrat im Einzelfall seine Zustimmung gibt. Nicht selten wird auch eine mehrtägige Ankündigungsfrist vereinbart, um dem Arbeitnehmer Gestaltungsmöglichkeiten für sein Privatleben einzuräumen.

Die Abgeltung der Überstunden muss entweder in finanzieller Form oder durch Freizeitausgleich erfolgen, es sei denn, der Arbeitsvertrag sieht vor, dass Überstunden im Rahmen des Gehalts abgegolten werden. Da mit dem Betriebsrat immer wieder neu darüber diskutiert werden muss, ob Überstunden nötig sind, ist die Flexibilität doch recht eingeschränkt. Daher zählen Überstunden i.d.R. nicht zu den flexiblen Arbeitszeitmodellen.

Im Folgenden sollen die nachstehend aufgeführten flexiblen Arbeitszeitmodelle[1] näher beschrieben werden:

- Gleitzeit
- Arbeitszeitkonten
- Arbeit auf Abruf und
- Schichtarbeit

Im Rahmen der **Gleitzeit** lassen sich grundsätzlich zwei Modelle unterscheiden. Bei der **einfachen Gleitzeit,** auch Gleitzeit mit fester Kernarbeitszeit genannt, kann der Arbeitnehmer über Beginn und Ende seiner täglichen Arbeitszeit im gewissen Rahmen selbst entscheiden. Innerhalb der Kernarbeitszeit muss er jedoch anwesend sein. Dieses Arbeitszeitmodell wird beispielsweise bei der Tenox GmbH praktiziert, einem großen Hersteller von Kopiergeräten. Die wöchentliche Arbeitszeit beträgt gemäß gültigem Tarifvertrag 40 Stunden.

---

[1] Arbeitszeitmodelle wie Telearbeit, Jobsharing, Altersteilzeit und Sabbaticals zählen ebenfalls zu den flexiblen Arbeitszeitmodellen. Sie sollen an dieser Stelle jedoch nicht näher betrachtet werden.

## Fortsetzung

Die Bandbreite der täglichen Arbeitszeit reicht derzeit von 06:30 Uhr bis 18:00 Uhr, Kernzeit ist der Zeitraum zwischen 09:15 Uhr und 15:00 Uhr. Somit haben die Arbeitnehmer in der Zeitspanne von 06:30 Uhr bis 09:15 Uhr und von 15:00 Uhr bis 18:00 Uhr die Möglichkeit, zu gleiten. Mit Hilfe entsprechender Zeiterfassungssysteme werden die geleisteten Arbeitsstunden auf einem Gleitzeitkonto festgehalten. Um zu vermeiden, dass zu viele Plus- bzw. Minusstunden angehäuft werden, arbeitet die Tenox GmbH nach dem sogenannten Ampelprinzip, das im Folgenden erläutert wird.

In Absprache mit dem Betriebsrat, der auch schon dem Gleitzeitmodell seine Zustimmung gegeben hatte, hat man sich entschieden, über einen Ausgleichszeitraum von 12 Monaten den Auf- und Abbau der Plus- bzw. Minusstunden auf dem Gleitzeitkonto über ein zweistufiges Ampelsystem (grün und rot) zu steuern. Die grüne Phase deckt bei der Tenox GmbH den Bereich von +/- 40 Stunden ab. Anschließend beginnt die rote Phase. Befindet sich der Arbeitnehmer im grünen Bereich, so hat er die Berechtigung, über seine tägliche Arbeitszeit weitgehend selbstständig zu entscheiden. Hat das Gleitzeitkonto die rote Phase erreicht, so kann der Arbeitnehmer nur noch in Abstimmung mit der Führungskraft über seine tägliche Arbeitszeit entscheiden. Bei Plusstunden kann beispielsweise Freizeit angeordnet werden. Auch die Anordnung von Überstundenbezahlung einerseits oder der Verfall der Plusstunden andererseits ist möglich. Bei Minusstunden kommen demgegenüber eine Abmahnung oder eine dauerhafte Verringerung der regelmäßigen vertraglichen Arbeitszeit in Betracht. Das Gleitzeitkonto wird dabei durch den Vorgesetzten und/oder den Betriebsrat überwacht.

Bei der **qualifizierten Gleitzeit**, auch Gleitzeit ohne feste Kernarbeitszeit genannt, kann der Arbeitnehmer über Beginn und Ende seiner täglichen Arbeitszeit selbst entscheiden. Vorgegeben sind nur Beginn und Ende der täglichen Arbeitszeit. Bei der Fiedler OHG, Hersteller von medizinischen Geräten, hat man sich beispielsweise zusammen mit dem Betriebsrat entschieden, die Bandbreite der täglichen Arbeitszeit von 7:00 Uhr bis 19:00 Uhr festzulegen. Eine Kernarbeitszeit existiert nicht. Zur Steuerung des Auf- und Abbaus der Plus- bzw. Minusstunden hat man auch hier ein Ampelsystem installiert. Der Vorteil für die Arbeitnehmer bei beiden Systemen ist, dass sie ihre täglichen Arbeitszeiten in gewissem Maße auf ihre persönlichen Bedürfnisse anpassen können. Zudem können sie Zeitreserven ansparen, um diese bei Bedarf einzulösen. Der Vorteil für die Arbeitgeber liegt insbesondere darin, dass Fehlzeiten durch Verspätungen, Arztbesuche o. Ä. in erheblichem Maße verringert werden können. Allerdings müssen Kosten für die Zeiterfassungssysteme sowie die Kontrolle der Plus- bzw. Minusstunden in Kauf genommen werden.

Aus diesem Grund verzichten manche Unternehmen gänzlich auf die Erfassung und Kontrolle der Arbeitszeit. Man spricht in diesem Fall von der **Vertrauensgleitzeit**. Die Beurteilung der Arbeitsleistung erfolgt demnach nicht mehr anhand der aufgewendeten Arbeitszeit, sondern vielmehr aufgrund der Arbeitsergebnisse.

Auf wirtschaftliche Schwankungen kann schneller und effizienter reagiert werden, wenn die Arbeitszeit der Mitarbeiter auf die Belange des Unternehmens abgestimmt ist. Während in Zeiten geringer Nachfrage auch wenig Arbeit anfällt, besteht in auftragsreichen Zeiten oftmals erhöhter Personalbedarf. Diesen schwankenden Bedarf zu decken, ist Aufgabe und Ziel des **Arbeitszeitkontos**.

Die BTG OHG, ein Hersteller von Tiefkühlgerichten, liefert im Direktvertrieb an Supermärkte in ganz Deutschland. Direktvertrieb bedeutet in diesem Fall, dass kein Großhändler zwischengeschaltet ist. Die BTG OHG garantiert ihren Kunden eine hohe Qualität. Daher sind die Tiefkühlgerichte im oberen Preissegment angesiedelt. Sämtliche Kunden werden von einem Zentrallager in der Nähe von Frankfurt beliefert.

Die Ziele der BTG OHG bestehen darin, zum einen eine 100%ige Lieferbereitschaft zu gewährleisten und zum anderen jeden Artikel innerhalb von drei Tagen liefern zu können. Ein großes Problem stellte der täglich und auch saisonal stark schwankende Arbeitsanfall dar. Selten orderten Kunden in der Größenordnung von 8 Arbeitsstunden täglich für die Fertigungs- und Logistikmitarbeiter.

Die Lösung des Problems sah man zunächst in der Einstellung von zusätzlichen festen Mitarbeitern als Personalreserve. Da die Mitarbeiter jedoch auch bezahlt werden mussten, wenn gar keine Kundenaufträge vorlagen, stellte sich dieser Lösungsansatz als wenig sinnvoll heraus. Auch die zweite Überlegung, dem Problem dadurch gerecht zu werden, dass die Mitarbeiter bei Bedarf Überstunden einlegen, wurde wegen der hohen Zuschläge aus Kostengründen verworfen. Zudem musste man die Erfahrung machen, dass Aushilfskräfte, die zusätzlich zu den festen Mitarbeitern täglich auf Abruf bereitstehen, schnell die Motivation verlieren, wenn das Auftragsvolumen erst kurzfristig bekannt wird.

## Fortsetzung

Aus oben genannten Gründen hat sich die Geschäftsführung der BTG OHG zusammen mit dem Betriebsrat dazu entschlossen, zur Bewältigung der Probleme das Arbeitszeitkonto einzuführen. Die tägliche Arbeitszeit beginnt nun jeden Morgen um 06:00 Uhr. Das Arbeitsende schwankt täglich zwischen 13:00 und 17:00 Uhr, sodass die Arbeitszeit je nach Arbeitsanfall 6 bis 10 Stunden betragen kann. Die Arbeitszeiten werden mithilfe eines Zeiterfassungssystems erfasst und kontinuierlich über ein Halbjahr hinweg aufaddiert. Die Sollarbeitszeit in einem Halbjahr ergibt sich aus der Zahl der Arbeitstage multipliziert mit 8 Arbeitsstunden täglich. Pro Halbjahr wird die Istarbeitszeit mit der Sollarbeitszeit verglichen. Ist die Istarbeitszeit größer als die Sollarbeitszeit, erhält der Arbeitnehmer in Absprache mit den anderen Mitarbeitern einen Freizeitausgleich. Ist die Istarbeitszeit geringer als die Sollarbeitszeit, erfolgt eine Berichtigung des Saldos auf Null. Es entsteht keine Zeitschuld. Die Minusstunden verfallen als Gegenleistung für die Bereitschaft der Mitarbeiter, das flexible Arbeitszeitmodell mitzutragen.

Voraussetzung für ein solches Arbeitszeitmodell ist ein gleichbleibendes Einkommen, das durch die Einführung eines Monatslohns sichergestellt wurde, sodass die Mitarbeiter unabhängig von der tatsächlich erbrachten Leistung ein gleichbleibendes Arbeitsentgelt erhalten.

Das Ergebnis ist mehr als zufriedenstellend: Die Lieferbereitschaft beträgt im Jahresdurchschnitt 98,4 %. und die Auslieferung der Kundenaufträge erfolgt innerhalb der vorgegebenen drei Tage. Die Personalkosten in der Fertigung und Logistik konnten durch die Einführung des Arbeitszeitkontos um ca. 20 % verringert und die Arbeitsplätze auf Dauer gesichert werden.

Eine weitere Möglichkeit flexibler Arbeitszeitgestaltung stellt die Abrufarbeit dar. **Arbeit auf Abruf** (auch kapazitätsorientierte variable Arbeitszeit – kurz KAPOVAZ – genannt) liegt vor, wenn der Mitarbeiter seine Arbeitsleistung nicht zu von vornherein festgelegten Zeiten, sondern nach Aufforderung des Arbeitgebers entsprechend dem Arbeitsanfall zu erbringen hat.

Bei der Abrufarbeit muss gemäß § 12 des Teilzeit- und Befristungsgesetzes (TzBfG) zur Planungssicherheit des Arbeitnehmers eine Abruffrist von mindestens vier Tagen eingehalten werden.

Abrufarbeit findet sich häufig im Dienstleistungsbereich, z.B. bei der Fuchs GmbH. Die Fuchs GmbH ist im Gaststättengewerbe tätig und unterhält am Starnberger See ein großes Ausflugslokal mit Außengastronomie. Das Unternehmen beschäftigte lange Zeit sowohl feste Mitarbeiter als auch Teilzeitkräfte, die alle zu fest vereinbarten Zeiten ihren Dienst verrichteten.

Dieses Arbeitszeitmodell hatte zur Folge, dass an sonnigen Tagen der Gästeansturm kaum zu bewältigen war und an regnerischen Tagen die Mitarbeiter wenig bis gar nichts zu tun hatten, aber trotzdem bezahlt werden mussten. Aus diesem Grund hat sich die Fuchs GmbH für die Abrufarbeit entschieden. Mit jeder Teilzeitkraft wurde die zu leistende Arbeitszeit individuell, z.B. 10 Stunden je Woche, vereinbart. Die Arbeitsleistung wird von der Fuchs GmbH nach Bedarf, d.h. in diesem Fall gemäß der Wettervorhersage, abgerufen. Um die Mitarbeiter davon zu überzeugen, das neue Arbeitszeitmodell mitzutragen, wurden die Stundenlöhne moderat angehoben.

Insgesamt konnte ein positives Fazit gezogen werden. Allerdings hat die eingangs beschriebene 4-tägige Abruffrist in Verbindung mit der Unsicherheit von Wettervorhersagen dazu geführt, dass die oben beschrieben Probleme nicht gänzlich gelöst werden konnten.

**Schichtarbeit** findet sich traditionell in vielen sozialen Bereichen. Feuerwehrleute, Polizisten, Pflegepersonal in Krankenhäusern und Altenheimen arbeiten in Schichtarbeit. Auch die erweiterte Kundennachfrage spielt eine große Rolle. „Rund-um-die-Uhr-Service“ in Call-Centern oder längere Ladenöffnungszeiten können nur durch Wechselschichtarbeit abgedeckt werden. Ferner ist Schichtarbeit aus technologischen und ökonomischen Gründen häufig unentbehrlich, da Produktionsprozesse nicht unterbrochen werden können oder eine Unterbrechung unzumutbare Kosten verursachen würde.

Bei der Schichtarbeit wird derselbe Arbeitsplatz von unterschiedlichen Personen zu verschiedenen Tages- und Nachtzeiten besetzt. Die praktizierten Modelle reichen vom Zweischichtmodell mit Früh- und Spätschicht bis zu Dreischichtmodellen mit Früh-, Mittag- und Nachtschicht.

Da der Mensch ein tagaktives Wesen ist, stellt Schichtarbeit hohe Anforderungen an den menschlichen Organismus. Daher arbeiten Arbeitsmediziner an der Entwicklung von Schichtarbeitsmodellen, die für den Mitarbeiter mit möglichst geringen Belastungen verbunden sind.